아 다르고 어 다른 한국어 어휘

뉘앙스 한국어

Nuance Korean

구은미 김정아 임수진

소통

저자 소개

<구은미>

- 오사카외국어대학 국제언어사회전공 일본 코스 (일본어 교육) 석사
- 서강대학교 한국어교육원 대우전임강사 2009~2019, 2022~현재
- '서강한국어 뉴시리즈 4A, 4B', '서강한국어 Third Edition 1A, 1B' 저자
- OPI Full Tester 자격 취득 (한국어)

<김정아>

- 중앙대학교 문학 (노어학) 석사
- 서강대학교 한국어교육원 대우전임강사 2004~현재
- 국립민속박물관 민족학 총서 <알타이 샤머니즘> 노문 공동 번역
- '서강한국어 뉴시리즈 1A, 1B' 저자, '서강한국어 Third Edition 1A, 1B' 감수

<임수진>

- 이화여자대학교 한국학 (한국어교육) 석사
- 서강대학교 한국어교육원 대우전임강사 2007~현재
- OPI Full Tester 자격 취득 (한국어, 일본어)

뉘앙스 한국어
nuance korean

발 행 일 | 2025년 11월 11일
저 자 | 구은미, 김정아, 임수진
펴 낸 곳 | 소통
펴 낸 이 | 최도욱
디 자 인 | 조해민
영어 번역 | 강옥주
주 소 | 서울시 금천구 시흥대로 193 아람아이씨티타워 1110호
전 화 | 070-8843-1172
팩 스 | 0505-828-1177
이 메 일 | sotongpub@gmail.com
가 격 | 17,500원
I S B N | 979-11-91957-50-1 93700
표지 삽화 | 셔터스톡

추천사

한국어 사용자이지만 매일 한국어를 처음 보는 생경한 언어로 느껴야 하는 직업, 당연한 것을 당연하지 않다고 생각해야 하는 직업이 있다. 그 직업의 이름은 바로 '한국어 선생님'이다. '이제'와 '지금'은 어떻게 다른지, '방금'과 '금방'은 또 무슨 차이가 있는지 질문을 던지는 학생들 앞에 서면 한국어는 갑자기 낯선 언어가 된다. 한국어 선생님의 고충은 이런 질문에 대한 답이 쉽게 찾아지지도 않고, 또 답을 찾아도 그 답을 학생들이 이해하기 쉬운 언어로 풀어내기 어렵다는 것에 있다. 무엇보다도 정확한 답을 찾고 그 답을 쉽게 풀어내는 능력은 오직 오랜 시간 한국어 교육 현장에서 학생들과 함께 부딪혀야만 얻을 수 있는 것이다. 이 책의 미덕은 바로 이 지점에 있다. 이 책은 단순히 유사한 단어의 의미 차이를 설명한 것이 아니라, 세 저자가 수십 년 동안 겪은 한국어 교실에서의 경험을 응축해 놓은 것이기 때문이다. 초보 한국어 교사에게 이 책은 핵심을 짚어주는 든든한 선배의 조언이 될 것이고, 중급 이상의 한국어 학습자에게는 평소 궁금한 내용을 속 시원하게 풀어주는 선생님의 설명이 될 것이다. '이제'와 '지금'의 차이를 잘 모르겠다면 '지금' 당장 이 책을 펼쳐라.

- 백승주 (전남대학교 국어국문학과 교수, '미끄러지는 말들', '다른 우주의 문법' 저자)

어느덧 한국어를 잘하는 외국인들을 심심치 않게 만나게 되는 시대가 되었다. 그들과 이야기를 나누다 보면 내색하진 않지만 종종 그들의 어휘 선택에서 왜 그 어휘를 사용했는지 이해가 되면서도 모국어 화자로서는 아쉬움을 느끼게 되는 경우들이 있을 터인데, 이는 일반 사전이나 번역기에서는 보여주지 않는 미세한 어감 차이 때문이다. 이러한 차이들은 일반적으로 오랜 시간 동안 모국어 화자와 이야기 나누며 외국인 스스로 체득할 수 밖에 없지만, 이 책에서는 엄별된 어휘들을 저자들의 오랜 현장에서의 경험과 교재 편찬의 내공으로 알기 쉽게 풀어냈을 뿐 아니라 짧은 연습의 단계만으로도 바로 사용할 수 있게 꾸려 놓았다.
한국어를 공부하는 외국인, 외국인들에게 한국어를 가르치는 한국인들에게는 많은 고민의 시간을 덜게 해 줄 유용한 책이고, 일반 한국인들도 외국인 국내 거주자 약 5%의 시대를 맞으며 이제 이 정도 어감 차이는 이웃집 외국인에게 쉽게 설명해 줄 준비를 해야 하지 않을까?

- 임현성 (예일대학교 한국어 과정 Senior Lector)

머리말

한국어를 배우는 학습자들은 어느 정도 실력이 올라가면 비슷한 뜻을 가진 단어들 사이의 미묘한 차이, 즉 '뉘앙스'를 구별하는 데 어려움을 느끼게 됩니다. 사전 상의 의미가 같다고 배웠는데도 문장을 쓰거나 말할 때 어색하다는 지적을 받는 경우가 종종 생기기 때문입니다. 예를 들어 '가득'과 '잔뜩'은 둘 다 '많이'라는 뜻을 가지고 있지만, '물병에 물을 가득 넣었다'를 '물병에 물을 잔뜩 넣었다'로 쓰면 어색한 것처럼 어떤 상황·맥락인지에 따라 자연스럽게 사용할 수 있는 말이 다릅니다.

사전이나 대부분의 일반 어휘 책에서는 단어들의 의미와 용례만 설명할 뿐, '아' 다르고 '어' 다른 단어들의 뉘앙스의 차이에 대해서는 자세히 다루지 않는 경우가 많습니다. 때문에 한국어를 배우는 외국인 학습자들뿐만 아니라 외국인 학습자들이 알고 있는 쉬운 한국어로 이러한 내용과 제약을 설명해야 하는 한국어 선생님들에게도 단어의 뉘앙스 차이는 어렵고 고민이 되는 부분입니다. 이 책은 이런 고민에서 출발했습니다.

이 책은 중급 이상의 한국어 실력을 가진 외국인 학습자와 그들을 가르치는 선생님들을 위한 책입니다. 실제 교실에서 학생들이 많이 질문하는 비슷한 의미를 가진 단어들을 짝지어 소개하고, 두 단어의 공통점과 차이점, 뉘앙스의 차이, 사용할 수 있는 상황과 조건 등을 쉬운 한국어로 설명했습니다. 또한 이해를 돕기 위해 두 단어들을 사용할 수 있는 상황을 담은 실제적인 예문과 스스로 이해한 내용을 점검할 수 있는 확인 문제도 함께 실었습니다.

이 책이 학습자들에게는 더 자연스럽고 정확한 한국어를 사용할 수 있는 발판이 되고, 선생님들에게는 더 효과적인 설명의 도구가 되기를 바랍니다.
교실에서 두 눈을 반짝이며 한국어에 가까이 다가가기 위해 열심히 공부하는 학생들과 그 학생들을 위해 언제나 가진 것 이상의 열정과 에너지를 모두 쏟아내시는 선생님들을 응원합니다.

- 저자 일동

일러두기

QR CODE:
표제어의 본문 영어 번역과 음성 녹음을 확인할 수 있습니다. 5개의 QR CODE에 각각 스무개 씩의 번역과 대표 문장의 음성 파일이 들어 있습니다.

표제어:
비슷한 의미를 가진 두세 단어를 한 쌍으로 묶어 제시했습니다.

도입 그림:
표제어의 의미를 직관적으로 이해할 수 있는 사진과 말풍선을 넣었습니다.

대표 문장:
표제어의 공통적인 의미를 나타내는 문장입니다.

본문:
표제어들의 공통 의미와 뉘앙스 차이, 사용하는 상황, 주의사항 등을 설명합니다. 표제어의 주요한 뉘앙스 차이를 색깔을 달리하여 구분해 한눈에 보기 쉽게 하였습니다.

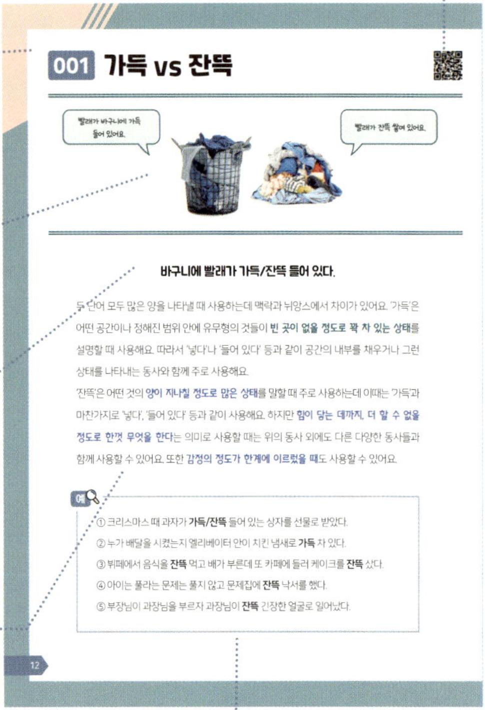
001 가득 vs 잔뜩

빨래가 바구니에 가득 들어 있어요.

빨래가 잔뜩 쌓여 있어요.

바구니에 빨래가 가득/잔뜩 들어 있다.

두 단어 모두 많은 양을 나타낼 때 사용하는데 맥락과 뉘앙스에서 차이가 있어요. '가득'은 어떤 공간이나 정해진 범위 안에 유무형의 것들이 **빈 곳이 없을 정도로 꽉 차 있는 상태**를 설명할 때 사용해요. 따라서 '넣다'나 '들어 있다' 등과 같이 공간의 내부를 채우거나 그런 상태를 나타내는 동사와 함께 주로 사용해요.

'잔뜩'은 어떤 것의 **양이 지나칠 정도로 많은 상태**를 말할 때 주로 사용하는데 이때는 '가득'과 마찬가지로 '넣다', '들어 있다' 등과 같이 사용해요. 하지만 **힘이 닿는 데까지, 더 할 수 없을 정도로 한껏 무엇을 한다**는 의미로 사용할 때는 위의 동사 외에도 다른 다양한 동사들과 함께 사용할 수 있어요. 또한 **감정의 정도가 한계에 이르렀을 때**도 사용할 수 있어요.

예
① 크리스마스 때 과자가 **가득/잔뜩** 들어 있는 상자를 선물로 받았다.
② 누가 배달을 시켰는지 엘리베이터 안이 치킨 냄새로 **가득** 차 있다.
③ 뷔페에서 음식을 **잔뜩** 먹고 배가 부른데 또 카페에 들러 케이크를 **잔뜩** 샀다.
④ 아이는 풀라는 문제는 풀지 않고 문제집에 **잔뜩** 낙서를 했다.
⑤ 부장님이 과장님을 부르자 과장님이 **잔뜩** 긴장한 얼굴로 일어났다.

12

예문:
표제어를 공통적으로 사용할 수 있는 예문과, 뉘앙스의 차이를 살려 사용할 수 있는 예문들을 본문의 설명 순서에 맞게 함께 넣어 이해를 돕도록 하였습니다.

확인 문제:
본문과 예문을 통해 학습한 표제어의 의미와 뉘앙스 차이, 사용 상황 등을 대화 맥락에서 확인해 볼 수 있습니다.

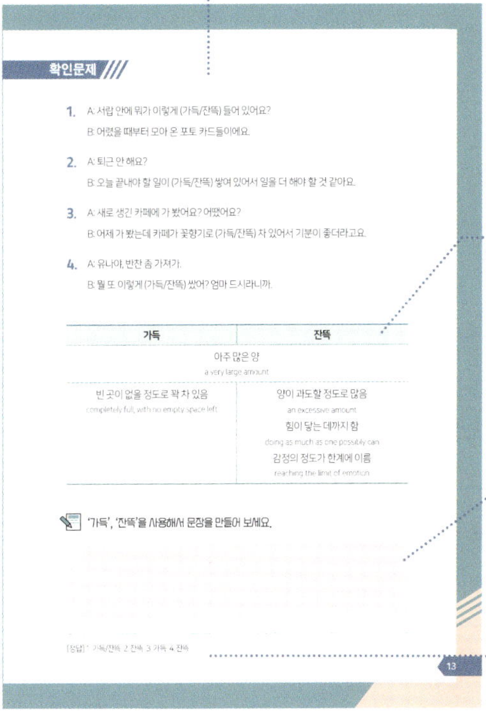

확인문제

1. A: 서랍 안에 뭐가 이렇게 (가득/잔뜩) 들어 있어요?
   B: 어렸을 때부터 모아 온 포토 카드들이에요.

2. A: 퇴근 안 해요?
   B: 오늘 끝내야 할 일이 (가득/잔뜩) 쌓여 있어서 일을 더 해야 할 것 같아요.

3. A: 새로 생긴 카페에 가 봤어요? 어땠어요?
   B: 어제 가 봤는데 카페가 꽃향기로 (가득/잔뜩) 차 있어서 기분이 좋더라고요.

4. A: 유나야, 반찬 좀 가져가.
   B: 뭘 또 이렇게 (가득/잔뜩) 쌌어? 엄마 드시라니까.

가득	잔뜩
아주 많은 양 a very large amount	
빈 곳이 없을 정도로 꽉 차 있음 completely full, with no empty space left	양이 과도할 정도로 많음 an excessive amount 힘이 닿는 데까지 함 doing as much as one possibly can 감정의 정도가 한계에 이름 reaching the limit of emotion

'가득', '잔뜩'을 사용해서 문장을 만들어 보세요.

[정답] 1. 가득/잔뜩 2. 잔뜩 3. 가득 4. 잔뜩

13

정리 표:
핵심 내용을 간단히 표로 정리하여 직관적으로 비교, 파악할 수 있도록 했습니다.

셀프 체크 노트:
학습한 내용을 스스로 확인하도록 표제어들의 의미를 살려 문장을 만들어 볼 수 있게 하였습니다.

정답:
확인 문제의 정답을 확인할 수 있습니다.

Tip	표제어의 보충 설명이 필요하거나 표제어와 관련된 추가 어휘의 학습이 필요한 경우 Tip을 통해 확인할 수 있습니다.
어휘 문제	1번~100번까지 표제어의 내용을 확인 할 수 있는 어휘 문제를 토픽 유형으로 구성하여 수록했습니다.
Index	1번~100번까지의 표제어, Tip에 나온 추가 어휘들을 찾아보기 쉽게 가나다순으로 정리하고 영어 번역을 함께 수록했습니다.

목 차

001 가득 vs 잔뜩

바구니에 빨래가 가득/잔뜩 들어 있다.

두 단어 모두 많은 양을 나타낼 때 사용하는데 맥락과 뉘앙스에서 차이가 있어요. '가득'은 어떤 공간이나 정해진 범위 안에 유무형의 것들이 **빈 곳이 없을 정도로 꽉 차 있는 상태**를 설명할 때 사용해요. 따라서 '넣다'나 '들어 있다' 등과 같이 공간의 내부를 채우거나 그런 상태를 나타내는 동사와 함께 주로 사용해요.

'잔뜩'은 어떤 것의 **양이 지나칠 정도로 많은 상태**를 말할 때 주로 사용하는데 이때는 '가득'과 마찬가지로 '넣다', '들어 있다' 등과 같이 사용해요. 하지만 **힘이 닿는 데까지, 더 할 수 없을 정도로 한껏 무엇을 한다**는 의미로 사용할 때는 위의 동사 외에도 다른 다양한 동사들과 함께 사용할 수 있어요. 또한 **감정의 정도가 한계에 이르렀을 때**도 사용할 수 있어요.

예

① 크리스마스 때 과자가 **가득/잔뜩** 들어 있는 상자를 선물로 받았다.

② 누가 배달을 시켰는지 엘리베이터 안이 치킨 냄새로 **가득** 차 있다.

③ 뷔페에서 음식을 **잔뜩** 먹고 배가 부른데 또 카페에 들러 케이크를 **잔뜩** 샀다.

④ 아이는 풀라는 문제는 풀지 않고 문제집에 **잔뜩** 낙서를 했다.

⑤ 부장님이 과장님을 부르자 과장님이 **잔뜩** 긴장한 얼굴로 일어났다.

확인문제

1. A: 서랍 안에 뭐가 이렇게 (가득/잔뜩) 들어 있어요?

   B: 어렸을 때부터 모아 온 포토 카드들이에요.

2. A: 퇴근 안 해요?

   B: 오늘 끝내야 할 일이 (가득/잔뜩) 쌓여 있어서 일을 더 해야 할 것 같아요.

3. A: 새로 생긴 카페에 가 봤어요? 어땠어요?

   B: 어제 가 봤는데 카페가 꽃향기로 (가득/잔뜩) 차 있어서 기분이 좋더라고요.

4. A: 유나야, 반찬 좀 가져가.

   B: 뭘 또 이렇게 (가득/잔뜩) 쌌어? 엄마 드시라니까.

가득	잔뜩
아주 많은 양 a very large amount	
빈 곳이 없을 정도로 꽉 차 있음 completely full, with no empty space left	양이 과도할 정도로 많음 an excessive amount 힘이 닿는 데까지 함 doing as much as one possibly can 감정의 정도가 한계에 이름 reaching the limit of emotion

'가득', '잔뜩'을 사용해서 문장을 만들어 보세요.

[정답] 1. 가득/잔뜩 2. 잔뜩 3. 가득 4. 잔뜩

002 가렵다 vs 간지럽다

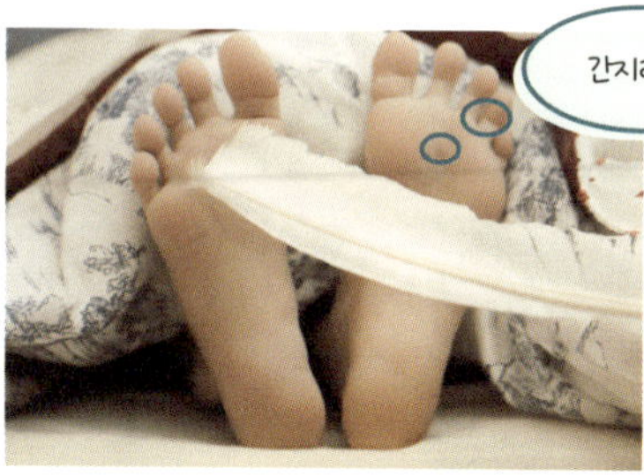

얼굴이 너무 가렵다/간지럽다.

'가렵다'와 '간지럽다'는 모두 피부의 감각에 대해 말할 때 사용하지만 사용하는 상황과 뉘앙스에는 차이가 있어요. '가렵다'는 살갗을 **긁고 싶은 느낌**으로 주로 피부에 **불편한 감각이 있을 때** 사용해요.

반면 '간지럽다'는 무엇이 몸에 닿거나 누가 만져서 **웃음이 나거나** 가벼운 자극을 느껴서 **몸을 움츠리거나 피하고 싶을 때** 사용해요.

예

① 뺨이 **가려워서/간지러워서** 긁었더니 상처가 났다.

② 요즘 날씨가 건조해서 피부가 **가렵다**.

③ 엄마가 배를 만지자 아기는 **간지러운지** 깔깔 웃어댔다.

④ 부드러운 바람에 얼굴이 **간지러웠다**.

확인문제

1. A: 왜 그렇게 계속 긁어요?

   B: 어젯밤에 모기에 물렸는데 너무 (가려워서요/간지러워서요).

2. A: 눈이 빨갛게 충혈됐어요.

   B: 네, 꽃가루 알레르기 때문에 (가려워서/간지러워서) 비볐더니 충혈됐어요.

3. [엄마가 아이에게 장난치는 상황]

   A: 하하하. 엄마, 그만해. 너무 (가려워/간지러워).

   B: 우리 애기가 너무 좋아서 그러지.

4. A: 고양이 털 때문인지 코가 (가려워서/간지러워서) 자꾸 재채기가 나요.

   B: 계절성 비염일 수도 있어요. 병원에 한번 가 보세요.

5. A: 엄마, 저 이 옷은 안 입고 싶어요.

   B: 왜? 옷이 마음에 안 드니?

   A: 그게 아니라… 이거 입으면 목 뒤가 자꾸 (가렵고/간지럽고) 따가워서 불편해요.

가렵다	간지럽다
피부의 감각에 대해서 말함 describing sensations on the skin	
긁고 싶은 느낌 an itchy feeling 불편한 감각 an uncomfortable sensation	웃음이 나거나 몸을 움츠리거나 피하고 싶은 느낌 a ticklish or awkward sensation that causes laughter, flinch, or want to avoid it

'가렵다', '간지럽다'를 사용해서 문장을 만들어 보세요.

[정답] 1. 가려워서요/간지러워서요 2. 가려워서/간지러워서 3. 간지러워 4. 간지러워서 5. 가렵고

003 가입하다 vs 등록하다

시냅스필라테스 회원 가입 신청서

회원정보	회원명		생년월일		연락처	
	이메일		주소			
	• 시냅스필라테스의 프로그램 등록절차를 위해 필요한 위의 개인정보를 수집하는 것에 동의합니다. □ 동의 • 동의를 거부할 수 있으나 거부 시 수업일정변경과 관련하여 센터 이용에 제약이 있을 수 있습니다.					
등록사항	프로그램	A. Instructor	B. Master	C. Instructor + Master		
		A. 주2회 (1개월, 2개월, 3개월)	B. 주1회 (1개월, 2개월, 3개월)			
	운동시작일		유효기간	*유효기간 내 모든 레슨을 소진하셔야 합니다.		
	희망스케줄					

유나 씨는 문화 센터에 회원으로 가입했다/등록했다.

이 단어들은 단체나 조직 등의 구성원이 된다는 의미가 있어요. 하지만 '가입하다'는 개인이 **어떤 단체나 모임의 회원으로 들어간다는 데에 초점**이 있고 '등록하다'는 일정한 자격 조건을 갖추기 위해 학교나 학원, 단체 등에 **공식적으로 이름이나 정보를 올려 문서에 기록된다는 데에 초점**이 있어요.

한편, '가입하다'에는 이 의미 외에도 **보험, 인터넷 등 장기적인 관리를 받는 서비스 상품을 제공받기 위해 계약을 한다**는 의미도 있어요.

예

① 에릭 씨는 한국어 공부를 위해 언어교환 동호회에 **가입했다**.

② 나는 정치에 관심이 없었는데 이번 사건을 계기로 정당에 **가입하기로** 했다.

③ 신입생들은 이번 주 금요일까지 **등록하지** 않으면 합격이 취소된다.

④ 이 건물에는 미리 **등록한** 사람만 주차할 수 있다.

⑤ 지훈 씨는 여행을 앞두고 해외여행자보험에 **가입했다**.

확인문제

1. A: 사거리에 헬스장이 새로 생겼더라.

B: 어. 나도 봤어. (가입하면/등록하면) 운동복을 선물로 준대서 가 보려고.

2. A: L그룹 팬클럽에 (가입하려면/등록하려면) 어떻게 해야 돼요?

B: 일단 앉아 보세요. 제가 설명해 드릴게요.

3. A: 온라인 쇼핑몰을 시작해 보려고 하는데 뭐부터 해야 하지?

B: 먼저 사업자로 (가입하고/등록하고) 사업자 등록증부터 받아야 해.

4. A: 넷플릭스에 볼 만한 거 있어요?

B: (가입하긴/등록하긴) 했는데 요즘 잘 안 봐서 모르겠어요.

'가입하다', '등록하다'와 비슷한 단어로 '신청하다'가 있어요. '가입하다'와 '등록하다'는 요구나 요청의 의미는 없는 반면에 '신청하다'는 단체나 기관 등에 어떤 일을 해 줄 것을 요구하거나 요청한다는 의미까지도 포함되어 있어요.

예 ① 학교에 장학금을 신청했어요.

② 대사관에 비자를 신청했어요.

가입하다	등록하다
단체나 조직 등의 구성원이 됨 becoming a member of a group or organization	
단체에 회원으로 들어감 joining an organization as a member	회원으로 이름을 올려 문서에 기록됨 being officially registered as a member in a document or system

'가입하다', '등록하다'를 사용해서 문장을 만들어 보세요.

[정답] 1. 가입하면/등록하면 2. 가입하려면 3. 등록하고 4. 가입하긴

004 간섭하다 vs 참견하다

괜히 남의 일에 간섭했다가/참견했다가 망신만 당했다.

위의 문장에서처럼 '간섭하다'와 '참견하다'는 모두 관계가 없는 남의 일에 끼어들어 나서거나 말한다는 뜻을 나타내요. '간섭하다'는 **우월한 힘이나 지위를 가지고 상대에게 영향력을 끼치려고 하는 상황에서 주로 사용**하기 때문에 개인적인 일뿐만 아니라 공적인 상황, 집단 간의 관계에서도 사용할 수 있어요.

하지만 '참견하다'는 **별다른 영향력 없이 상대의 일에 끼어드는 상황**에서 더 많이 사용하고, 다른 사람의 일에 이렇게 저렇게 말을 보탤 때는 '말참견하다'라는 표현으로 사용하기도 해요.

예

① 다른 사람의 사생활에 지나치게 **간섭하는/참견하는** 것은 무례하다.

② 부장님이 사사건건 **간섭해서/참견해서** 일의 진행 속도가 더디다.

③ 정부가 언론을 지나치게 규제하거나 **간섭하는** 것은 공정한 보도에 장애가 된다.

④ 통화 중에 아이가 옆에서 하도 **참견해서** 무슨 얘기를 했는지 기억이 안 난다.

⑤ 조이 씨는 **말참견하는** 걸 좋아하는 성격이다.

확인문제

1. A: 아니, 오늘도 지훈 씨는 또 지각하는 거예요? 무슨 일이래요?

   B: 쓸데없이 남의 일에 (간섭하지/참견하지) 말고 일이나 합시다.

2. A: 아무리 구단주라도 이렇게 계속 선수 교체까지 (간섭하는/참견하는) 건 예의가 아니지요.

   B: 기분 나쁘셨다면 죄송합니다.

3. A: 요즘은 학부모님들이 수업 내용까지 바꿀 정도로 (간섭하셔서/참견하셔서) 힘들어요.

   B: 맞아요, 예전에 비해 학부모님들의 목소리가 커졌어요.

4. A: 영국의 왕은 정치에 참여해?

   B: 국가를 대표하긴 하지만 직접적으로 정치에 (간섭하는/참견하는) 일은 거의 없어.

<table>
<tr><th>간섭하다</th><th>참견하다</th></tr>
<tr><td colspan="2">관계가 없는 남의 일에 끼어들어 나서거나 말함
getting involved in or commenting on matters that don't concern anyone</td></tr>
<tr><td>우월한 힘이나 지위를 가지고
상대에게 영향력을 끼치려 함
trying to exert influence over others
using superior power or status</td><td>별다른 영향력 없이
상대의 일에 끼어듦
butting into someone's business
without any real authority</td></tr>
</table>

'간섭하다', '참견하다'를 사용해서 문장을 만들어 보세요.

[정답] 1. 참견하지 2. 간섭하는 3. 간섭하셔서 4. 간섭하는

005 간직하다 vs 보관하다

그는 할아버지의 오래된 시계를 간직하고/보관하고 있다.

이 단어들은 모두 물건을 신경 써서 잘 관리하는 것을 의미해요. 하지만 '간직하다'는 주로 가치가 있는 물건이나 중요한 것들을 소중히 생각해서 물건의 물리적 상태보다는 그 **물건이 가진 감정적 가치나 중요성을 강조할 때** 사용해요.

반면에 '보관하다'는 물리적 공간에 **물건을 안전하게 저장하거나 잘 두어 관리하는 것**을 의미해요.

예

① 내 친구는 돌아가신 할머니의 사진을 **간직하고/보관하고** 있다.

② 어릴 때 친구가 준 선물을 오랫동안 **간직하고/보관하고** 있다.

③ 선생님의 따뜻한 말 한마디를 가슴 깊이 **간직하고** 있다.

④ 과일을 신선하게 **보관하려면** 냉장고에 넣어 두는 게 좋다.

⑤ 중요한 문서들은 잘 정리해서 분실하지 않도록 **보관해야** 한다.

확인문제

1. A: 다음 달에 미국으로 돌아가지요?

   B: 네, 그 전에 우리 같이 사진 찍어요. 그 사진을 액자에 넣어서 소중히 (간직할게요/보관할게요).

2. A: 요즘은 기차역마다 개인 짐을 (간직해/보관해) 주는 곳이 있대요.

   B: 짐이 많은 사람들은 거기에 맡기면 되겠네요.

3. A: 돌잔치에서 받은 반지를 잘 (간직했다가/보관했다가) 아이에게 물려주려고 해요.

   B: 나중에 아이가 받으면 아주 좋아하겠어요.

4. A: 이거 제가 직접 만든 가방인데, 쓸 때마다 제 생각하셔야 돼요!

   B: 어머나, 정말 고마워요. 이 가방도, 우리의 추억도 제가 잘 (간직할게요/보관할게요).

간직하다	보관하다
물건을 신경 써서 잘 관리함 taking care of belongings carefully	
감정적 가치나 중요성 강조 emphasizing emotional or sentimental value	안전하게 저장하거나 잘 둠 storing something safely and properly

'간직하다', '보관하다'를 사용해서 문장을 만들어 보세요.

[정답] 1. 간직할게요 2. 보관해 3. 간직했다가/보관했다가 4. 간직할게요

006 갑갑하다 vs 답답하다

갑갑할/답답할 때는 크게 심호흡을 하면 도움이 된다.

두 단어 모두 어떤 원인으로 인해 신체적, 심리적으로 불편한 상태를 나타낼 때 사용해요. 숨이 막혀서 불편할 때나 신체의 일부가 꽉 끼거나 압박을 느낄 때, 어떤 문제가 해결되지 않아서 마음이 불편할 때는 두 단어를 같은 뜻으로 사용할 수 있어요.

하지만 물리적인 원인 즉, **공간이 좁거나 공기가 맑지 않아서 숨쉬기 불편할 때는** '갑갑하다'를 주로 사용하고, **일이 안 풀리거나 이해할 수 없는 어떤 상황으로 인해 심리적으로 불편할 때**는 '답답하다'를 주로 사용해요. 또한 '답답하다'는 **어떤 일이나 사람 때문에 애가 타고 걱정될 때**도 사용할 수 있어요.

예

① 출근길 지하철 안이 너무 **갑갑해서** 뛰쳐나가고 싶었다.

② 해마다 옷이 작아져서 불편한데, 특히 배 부분이 **갑갑하다**.

③ 에릭은 너무 융통성이 없어서 일을 같이할 때 **답답하다**.

④ 화재 현장에 불을 끄러 나간 소방관 남자 친구와 연락이 안 돼서 **답답하다**.

확인문제

1. A: 한국어 참 잘하시네요.

B: 잘하기는요. 아직 하고 싶은 말을 다 못해서 너무 (갑갑해요/답답해요).

2. A: 머리가 왜 젖었어요?

B: 아이랑 숨바꼭질 하느라고 옷장 안에 숨어 있었더니 덥고 (갑갑해서/답답해서) 혼났네요.

3. A: 아빠 수술 아직 안 끝났어?

B: 어. 누구한테 물어볼 수도 없고 (갑갑해/답답해) 죽겠네.

4. A: 새로 온 아르바이트생이 손이 너무 느려서 (갑갑해요/답답해요).

B: 익숙해지면 괜찮아지겠지요.

비슷한 표현으로 '속이 터지다'도 있어요. '속이 터지다'는 너무 화가 나거나 몹시 분하거나 '답답해서 참기 어려울 때' 사용하는데, 글을 쓸 때보다 말할 때 주로 많이 사용해요.

예 ① 아들이 취업도 안 하고 방에서 게임만 하면서 시간을 보내서 속이 터져요.

② 저렇게 느릿느릿 하는 것을 보고 있으려니 속 터져 죽을 것 같아요.

갑갑하다	답답하다
신체적, 심리적으로 불편한 상태 feeling mentally or physically uncomfortable	
공간이 좁거나 공기가 부족해서 불편할 때 feeling uncomfortable when the space feels tight or the air feels suffocating	일이 안 풀리거나 이해할 수 없는 어떤 상황으로 인해 심리적으로 불편할 때 feeling frustrated or mentally stuck in a confusing or unresolved situation 어떤 일이나 사람 때문에 애가 타고 걱정될 때 feeling anxious or worried because of someone or something

'갑갑하다', '답답하다'를 사용해서 문장을 만들어 보세요.

[정답] 1. 답답해요 2. 갑갑해서 3. 답답해 4. 답답해요

007 갚다 vs 돌려주다

지난달에 빌린 돈을 내일까지 갚아야/돌려줘야 한다.

위의 문장에서처럼 '갚다'와 '돌려주다'는 빌린 것을 원래 주인에게 주는 것을 말해요. '갚다'에는 다른 사람에게 빌린 돈이나 **빚진 것을 돌려준다**는 의미 외에도 다른 사람에게 고마웠던 일이나 피해를 입었던 일에 대해서 받은 만큼의 **대가를 치른다**는 의미도 있어요.

한편 '돌려주다'는 빌린 돈이나 빌린 물건을 주는 것 이외에도 잠깐 가지고 있거나 주운 물건을 **원래의 주인에게 도로 내준다**는 의미가 있어요.

예

① 돈을 빌렸다면 가능한 한 빨리 **갚는/돌려주는** 것이 좋다.

② 오랫동안 나를 도와준 친구에게 드디어 신세를 **갚을** 기회가 왔다.

③ 옛날이야기에는 목숨을 살려준 사람에게 은혜를 **갚는** 동물들에 관한 내용이 많다.

④ 충전이 끝나면 충전기를 바로 **돌려주기로** 했다.

⑤ 길에서 주운 돈을 주인에게 **돌려주고** 나니 뿌듯하다.

확인문제

1. A: 이 영화 볼래?

   B: 아버지를 죽인 사람에게 원수를 (갚는/돌려주는) 내용, 너무 뻔한데?

2. A: 이 접시 좀 앞집에 갖다줘. 어제 부침개를 주셨어.

   B: 빈 접시만 (갚는/돌려주는) 건 좀 그렇지 않아? 과일이라도 담아서 드릴까?

3. A: 내 친구 중에 적은 돈은 (갚지/돌려주지) 않아도 된다고 생각하는 애가 있어.

   B: 그러면 안 되지. 아무리 적은 돈이라도 다른 사람한테 빌린 건데.

4. A: 7층에 도둑이 들었다던데 잡았나 모르겠네요.

   B: 네, 경찰이 잡아서 훔친 물건이랑 돈을 주인에게 (갚았대요/돌려줬대요).

<table>
<tr><th>갚다</th><th>돌려주다</th></tr>
<tr><td colspan="2">빌린 것을 줌
returning something that was borrowed</td></tr>
<tr><td>빚진 것을 돌려줌
repaying a debt
대가를 치름
paying back for one's actions</td><td>원래의 주인에게 도로 내어 줌
giving it back to the person it belongs to</td></tr>
</table>

'갚다', '돌려주다'를 사용해서 문장을 만들어 보세요.

[정답] 1. 갚는 2. 돌려주는 3. 갚지/돌려주지 4. 돌려줬대요

008 건너편 vs 맞은편

우리 아버지는 식사할 때 항상 내 건너편/맞은편에 앉으셨다.

두 단어는 모두 마주 보는 위치를 나타낼 때 사용해요. 대부분의 상황에서 두 단어 모두 같은 뜻으로 사용할 수 있지만, 일반적으로 **길, 강, 다리 등 어떤 것을 사이에 두고 반대쪽에 있을 때**는 '건너편'을 더 많이 사용하고, 단순하게 **마주 보는 쪽**을 말할 때는 '맞은편'을 더 많이 사용해요.

위의 문장에서 '건너편'을 사용하면 아버지가 나와 '식탁을 사이에 두고' 앉으셨다는 느낌이 강하고, '맞은편'을 사용하는 경우에는 아버지가 앉으시는 위치가 나와 서로 '마주 보는 쪽' 이라는 느낌이 더 강해요.

예

① **건너편/맞은편**에 있는 엄마를 발견하고, 잡고 있던 남자 친구의 손을 뿌리쳤다.

② 강 **건너편**에 대규모의 쇼핑몰이 들어설 거라는 소문이 있다.

③ 이 근처에는 횡단보도가 없어서 길 **건너편**으로 가려면 지하보도를 이용해야 한다.

④ 교수님 연구실은 과사무실 **맞은편**에 있다.

⑤ 등산할 때 한국 사람들은 **맞은편**에서 지나가는 사람들과 가볍게 인사를 나눈다.

확인문제

1. [전화]

A: 시연아, 어디야? 왜 아직도 안 와?

B: 거의 다 왔어. 네가 서 있는 횡단보도 (건너편/맞은편)에 있어. 나 안 보여?

2. A: 혹시 이 근처에 편의점이 있어요?

B: 네, 저기 보이는 은행에서 오른쪽으로 돌면 작은 카페가 있는데, 거기 바로 (건너편/맞은편)에 있어요.

3. A: 밤이라 운전하기 힘들지? 내가 운전할까?

B: 힘들진 않은데 (건너편/맞은편)에 상향등을 켜고 지나가는 차들이 많아서 눈이 좀 피곤해. 다음 휴게소에서 교대해 줘.

4. A: 김 교수님 연구실이 어디인지 알아?

B: 어. 유학생 상담실 알아? 상담실 (건너편/맞은편)이야.

건너편	맞은편
마주 보는 위치 a position directly facing the other side	
어떤 것을 사이에 두고 separated by something in the middle	서로 마주 보고 facing each other, directly opposite

'건너편', '맞은편'을 사용해서 문장을 만들어 보세요.

[정답] 1. 건너편 2. 건너편/맞은편 3. 맞은편 4. 맞은편

009 게다가 vs 심지어

딸은 얼굴하고 목소리가 아빠를 닮았다. 게다가/심지어 걸음걸이까지 똑같다.

두 단어는 앞에서 말한 내용에 또 다른 내용을 더할 때 사용할 수 있어요. '게다가'는 앞에서 말한 것에 **더 중요하다고 생각하는 내용을 보탤 때** 사용해요.

반면에 '심지어'는 앞에서 말하는 상황이나 상태의 정도를 **뒤에서 구체적으로 설명하거나 상황이 점점 더 심해질 때** 사용한다는 점에서 차이가 있어요. 또한 '심지어'에는 **예상 밖의 상황이나 결과에 대해서 놀라움을 나타내는 느낌**도 있어요.

예

① 현우 씨는 멋있다. **게다가** 유머 감각까지 있어서 인기가 많다.

② 바람이 많이 불었다. **게다가** 비까지 많이 내리는 바람에 여행이 취소됐다.

③ 그 가수는 인기가 얼마나 많은지 **심지어** 유치원생들도 알아볼 정도이다.

④ 바람이 많이 불어서 **심지어** 건물에 붙어 있던 간판까지 떨어질 정도였다.

확인문제

1. [핸드폰 매장]

A: 새 스마트폰을 사시려고요?

B: 네, 아이 걸 사려고요. 요즘은 다들 스마트폰을 사용해서 (게다가/심지어) 초등학생들도 스마트폰이 없으면 불편하대요.

A: 초등학생이면 이걸로 추천할게요. 아이들이 쓰기에 튼튼하고 (게다가/심지어) 가격까지 합리적이에요.

2. A: 뮤지컬 어땠어?

B: 완전 감동해서 울었어. 얼마나 울었는지 (게다가/심지어) 화장까지 다 지워졌더라고.

3. A: 너는 걔가 왜 좋아?

B: 똑똑하고 친절하잖아. (게다가/심지어) 외모까지 완벽하거든.

4. A: 몸은 좀 괜찮아졌어?

B: 아니, 아직. 배탈이 너무 심해서 (게다가/심지어) 물만 마셔도 토할 정도야.

A 게다가 B	A 심지어 B
앞에서 말한 내용 A에 다른 내용 B를 더함 adding 'B' as additional information to 'A'	
B는 A보다 더 중요 'B' is more surprising or extreme than 'A'	B는 A의 구체적 설명, 정도가 심해짐 'B' elaborates on 'A' with a concrete detail, worsening

'게다가', '심지어'를 사용해서 문장을 만들어 보세요.

[정답] 1. B: 심지어, A: 게다가 2. 심지어 3. 게다가/심지어 4. 심지어

010 결국 vs 드디어 vs 마침내

결국/드디어/마침내 우리 팀이 우승했다.

세 단어는 모두 오랫동안 기다렸거나 여러 번 시도한 후에 얻은 어떤 일의 결과에 대해 말할 때 사용할 수 있지만, 사용하는 상황에 따라서 뉘앙스의 차이가 있어요. 위 문장에서 '결국'은 경기가 끝났고 우리 팀이 우승했다는 **결과를 강조할 때** 사용해요. '드디어'는 말하는 사람이 **간절히 바라고 기다리던** 우리 팀의 우승이 이루어졌다는 데에 초점이 있어요. '마침내'는 '드디어'와 거의 비슷하지만 조금 더 **격식적이고 문학적**인 느낌이 있고, **어떤 긴 과정을 통틀어서 마지막 단계에 이르러** 우리 팀이 우승했음을 나타내요.

또한 세 단어는 뉘앙스뿐만 아니라 사용하는 맥락에도 차이가 있는데, '드디어'는 말하는 사람이 간절히 바라던 일이 이루어졌을 때 사용하기 때문에 주로 **긍정적인 상황**에서 많이 사용해요. 하지만 '결국'이나 '마침내'는 결과를 강조하는 단어이므로 **긍정적 상황**에서뿐만 아니라 **부정적인 상황**에서도 사용할 수 있지만, 확실하게 예측이 가능한 부정적인 결과에 대해서는 '결국'을 더 많이 사용해요.

예

① 현우는 7년 만에 **결국/드디어/마침내** 졸업을 하게 됐다.

② 유나는 아끼고 아낀 끝에 **결국/드디어/마침내** 자기 집을 마련했다.

③ 할아버지는 긴 투병 끝에 **결국** 세상을 떠나셨다.

④ 에릭은 공부는 안 하고 클럽에만 가더니 **결국/마침내** 시험에 떨어졌다.

⑤ 일주일 동안 흔들거리던 아이의 이가 **드디어/마침내** 빠졌다.

확인문제

1. A: 그 드라마 고구마 백 개 먹은 거처럼 답답해서 못 보겠던데 어떻게 됐어?

   B: (결국/드디어/마침내) 해피엔딩으로 끝났어. 마지막 회는 사이다였어.

2. A: 엄마, 방학이 (결국/드디어/마침내) 끝나고야 말았어. 학교 가기 싫어.

   B: 무슨 소리야. (결국/드디어/마침내) 친구들을 만날 수 있게 됐는데.

3. A: 처음에는 가벼운 말싸움이었는데 (결국/드디어/마침내) 경찰서까지 가게 됐어.

   B: 어쩌다가 그랬어? 좀 참지.

4. A: 그렇게 매주 사더니 (결국/드디어/마침내) 복권에 당첨됐대요.

   B: 몇 등이래요? 좋겠다!!!

결국	드디어	마침내
오랫동안 기다렸거나 여러 번 시도한 후에 얻은 어떤 일의 결과 achieving a result after a long wait or multiple attempts		
결과를 강조 emphasizing the result	간절히 바라고 기다리던 결과 a long-awaited and much-anticipated result	긴 과정 끝에 마지막 단계에 이름 reaching the final stage after a long process 격식적, 문학적 a formal and literary expression
긍정적, 부정적 used with both positive and negative results	긍정적 used only for positive results	긍정적, 부정적 used with both positive and negative results

'결국', '드디어', '마침내'를 사용해서 문장을 만들어 보세요.

[정답] 1. 결국/드디어/마침내 2. A: 결국/마침내, B: 드디어 3. 결국 4. 결국/드디어/마침내

011 결심하다 vs 결정하다

시골에 내려가서 전원주택을 짓고 살기로 결심했다/결정했다.

두 단어 모두 앞으로 어떤 일을 할지 정하는 것을 나타내요. 위의 문장에서처럼 바꿔서 사용할 수 있지만 의미에는 차이가 있어요. '결심하다'는 어떻게 할지 마음을 굳게 정한다는 뜻으로 **굳은 마음의 준비에 초점**이 있어요.

이와 달리 '결정하다'는 행동이나 태도를 분명히 정한다는 뜻을 갖고 있기 때문에 마음의 준비보다는 무엇을, 어떻게 하기로 할 것인지에 대한 **확실하고 구체적인 행동이나 태도에 초점**이 있어요.

예

① 오랜 고민 끝에 취직 대신 대학원에 진학하기로 **결심했다/결정했다**.

② 이번에 실패해도 다시 도전해 보기로 굳게 **결심했다**.

③ 새해가 되면 늘 다이어트를 **결심하지만** 대부분 작심삼일로 끝난다.

④ 발표 순서는 제비뽑기로 **결정합시다**.

⑤ 이직은 충분히 생각하고 알아본 다음에 **결정하는** 게 좋다.

확인문제

1. A: 결혼하기로 했다면서?

B: 어. 부모님 반대 때문에 고민하다가 내년 봄에 하기로 (결심했어/결정했어).

2. A: 지훈 씨, 다시 담배 피우네요. 역시 담배를 끊는 건 어렵죠?

B: 네, 건강검진 결과를 보고 올해만큼은 금연해야겠다고 굳게 (결심했는데/결정했는데) 생각처럼 안 되네요.

3. A: 나 내일부터 진짜, 정말, 꼭 운동하기로 (결심했어/결정했어).

B: 무슨 운동을 할지는 (결심했어/결정했어)?

4. [회사]

A: 이 일은 A안보다는 B안이 더 낫지 않을까요?

B: 회의 때 다 같이 (결심해/결정해) 놓고 이제 와서 그렇게 말씀하시면 곤란해요.

'결심하다', '결정하다'와 비슷한 단어로 '각오하다'가 있어요. '각오하다'는 '힘든 일'을 앞두고 앞으로 겪을 어려움이나 상황에 대비하여 마음의 준비를 단단히 하는 것에 초점이 있어요.

예 ① 군인들은 전쟁에 나가면 죽기를 각오하고 싸운다.

② 변화를 원하면 다소의 불편함은 각오해야 한다.

결심하다	결정하다
앞으로의 일에 대해 정함 making a decision about future actions	
굳은 마음의 준비에 초점 focusing on firm mental preparedness	확실하고 구체적인 행동이나 태도에 초점 focusing on certain and specific actions or attitudes

'결심하다', '결정하다'를 사용해서 문장을 만들어 보세요.

[정답] 1. 결심했어/결정했어 2. 결심했는데 3. A: 결심했어, B: 결정했어 4. 결정해

012 결제하다 vs 계산하다 vs 지불하다

백화점에서 옷을 사고 카드로 결제했다/계산했다/지불했다.

이 단어들은 모두 거래 후 값을 치른다는 의미로 사용할 수 있어요. 그러나 거래할 때의 입장에 따라 사용하는 단어가 달라요.

'결제하다'는 **거래를 끝내는 것**에 초점이 있어서 **물건을 사고 파는 당사자들 모두** 사용할 수 있어요. 특히 그 자리에서 거래를 완전히 끝내야 하는 **인터넷 거래**의 경우에는 '결제하다'를 대부분 사용해요.

한편 '계산하다'는 값을 치른다는 뜻 이외에 **수를 셈한다**는 의미도 있어서 **물건의 값을 받아야 하는 입장**에서도 사용할 수 있고, **돈을 내야 하는 입장**에서도 사용할 수 있어요.

반면에 '지불하다'는 돈을 내어 준다는 의미만 있기 때문에 거래를 끝낼 때 **대가를 치르는 입장**에서만 사용할 수 있어요.

예

① 여기서 드실 만큼 담아서 계산대로 오시면 **결제해/계산해** 드리겠습니다.

② 며칠째 고민하다가 드디어 토익 인터넷 강의를 **결제했다**.

③ 이번 달 생활비를 **계산해** 보니까 돈을 아껴 써야 할 것 같다.

④ 요즘 사업이 잘 안돼서 매달 직원에게 임금을 **지불하는** 것도 쉽지 않다.

확인문제

1. A: 손님, (결제해/계산해/지불해) 드릴까요?

   B: 네, 카드로 (결제할게요/계산할게요/지불할게요).

2. A: 무엇을 도와드릴까요? 고객님.

   B: 조금 전에 실수로 유튜브 프리미엄을 (결제했는데/계산했는데/지불했는데) 취소하고 싶어서 전화드렸는데요.

3. A: 손님, 현금으로 (결제하시면/계산하시면/지불하시면) 사은품을 드립니다.

   B: 그래요? 사은품이 뭔가요?

4. A: 뭘 그렇게 열심히 (결제하고/계산하고/지불하고) 있어?

   B: 집 보증금을 (결제해야/계산해야/지불해야) 해서…

결제하다	계산하다	지불하다
거래 후 값을 치름 paying after a transaction		
물건을 사고 파는 당사자들 모두 used by the buyer and seller 인터넷 거래 used in online transactions	물건을 사고 파는 당사자들 모두 used by the buyer and seller 수를 셈함 used for adding up amounts	대가를 치르는 사람 used by the paying party

'결제하다', '계산하다', '지불하다'를 사용해서 문장을 만들어 보세요.

[정답] 1. A: 결제해/계산해, B: 결제할게요/계산할게요/지불할게요 2. 결제했는데 3. 결제하시면/계산하시면/지불하시면 4. A: 계산하고, B: 지불해야

013 곤란하다 vs 난처하다

아이를 돌봐줄 사람이 없어서 곤란하다/난처하다.

두 단어 모두 어떤 상황이 어렵거나 힘들다는 느낌을 말할 때 사용하는데 약간의 의미 차이가 있어요. '곤란하다'는 좀 더 포괄적으로 사용할 수 있는데 **이럴 수도 없고 저럴 수도 없는 상황**이라서 어려움을 느낄 때 사용해요. 또한 **사정이 아주 딱하고 어려울 때**도 사용할 수 있어요. 이때는 '처지가 곤란하다', '생계가 곤란하다', '생활이 곤란하다' 등과 같은 표현으로 많이 사용해요.

반면에 '난처하다'는 자기가 처한 상황을 강조하는 느낌이라서 조금 더 **주위 사람과의 관계나 시선을 신경 쓸 수 밖에 없을 때** 사용해요.

예

① 필요한 서류를 잘못 복사해서 회의 시간에 **곤란했다/난처했다.**

② 조이 씨는 무슨 이유 때문인지 매우 **곤란한/난처한** 표정을 지었다.

③ 친한 친구들 사이에 오해가 생겼는데 중간에서 입장이 **곤란하다/난처하다.**

④ 요즘 경제가 어려워서 자금 사정이 **곤란한** 회사가 많다.

확인문제

1. A: 내일 면접을 봐야 하는데 너무 걱정돼요.

B: 요즘은 일부러 대답하기 (곤란한/난처한) 질문도 많이 한다니까 긴장하지 말고 자신 있게 대답해.

2. A: 현우 씨는 생활이 (곤란해서/난처해서) 학원에 다니지 못했는데도 우수한 성적으로 대학교에 합격했대요.

B: 진짜 대단하네요.

3. A: '곤란하다', '난처하다'는 의미가 비슷해서 어떻게 설명해야 할지 모르겠어요.

B: 저도 수업 시간에 그 질문을 받았을 때 (곤란했어요/난처했어요).

4. A: 어제 무슨 일 있었다면서?

B: 어. 백화점에서 공기가 답답하다고 생각했는데, 갑자기 숨쉬기가 (곤란해서/난처해서) 그 자리에 주저앉았지 뭐야.

'곤란하다', '난처하다'와 비슷한 단어로 '난감하다'가 있어요. '난감하다'는 두 단어의 의미에 더해 어떤 일을 견뎌내거나 해결하기 어렵다는 의미도 있어요. 따라서 이미 지금 일어난 일보다는 앞으로 벌어질 일에 대해 사용할 때가 많아요.

예 ① 앞으로 혼자 살아가야 할 일이 난감하다.

② 고칠 게 너무 많은데 어디서부터 시작해야 할지 난감하다.

곤란하다	난처하다
어떤 상황이 어렵거나 힘들다는 느낌 feeling that the situation is hard to deal with	
이럴 수도 없고 저럴 수도 없는 상황 a dilemma with no easy option 딱한 사정 unfortunate circumstances	다른 사람과의 관계 의식 feeling awkward because of how it affects one's relationship with others

'곤란하다', '난처하다'를 사용해서 문장을 만들어 보세요.

[정답] 1. 곤란한/난처한 2. 곤란해서 3. 곤란했어요/난처했어요 4. 곤란해서

014 공부하다 vs 배우다

나는 한국어를 공부한다/배운다.

두 단어는 모두 다른 사람에게 가르침을 받거나 스스로 지식이나 학문 등을 습득하는 행동을 나타내요. 하지만 '공부하다'는 **체계적이고 목표가 있는 학습, 학문, 기술의 영역에 한정해서 주로 사용**하고, '배우다'는 그것을 포함하여 **새로운 지식이나 경험, 상황 등을 통해 어떤 것을 자연스럽게 익히는 경우에도 사용**해요.

단, '혼자 공부했어요.'처럼 목적어 없이 사용할 수 있는 '공부하다'와 달리 '배우다'는 '엄마한테서/유튜브로 한국어를 배웠어요.'처럼 누구한테서, 어떤 방법으로, 무엇을 배웠는지 구체적으로 나타내야 자연스러워요.

예

① 학생들이 영어를 오랫동안 **공부했는데도/배웠는데도** 의사소통 능력이 떨어진다.

② 토픽 시험을 준비하기 위해서 요즘 열심히 **공부하고** 있다.

③ 아이들은 교실에서뿐만 아니라 놀이터에서도 많은 것을 **배운다**.

④ 여행하면서 만난 사람들을 통해서 다양한 문화와 언어를 **배웠다**.

확인문제

1. A: 한국어를 (공부하려는/배우려는) 학생들이 급증하고 있다고 해요.

B: 요즘 한국 문화가 인기가 많으니까요.

2. A: (공부하는/배우는) 습관을 만드는 것이 중요하대요.

B: 사실 그게 제일 어렵지요.

3. A: 대가족일 때는 자연스럽게 예절을 (공부할/배울) 수 있었던 것 같아요.

B: 맞아요. 어른들이 계시면 보고 듣는 것도 많으니까요.

4. A: 아빠가 출장 가서 못 본 사이에 자전거를 잘 타게 됐네!

B: 엄마한테서 (공부했어요/배웠어요). 어제 보조 바퀴도 뗐어요!

배워서 익힌다는 뜻으로 '학습하다'라는 단어도 있어요. '학습하다'는 학교나 기관에서의 교육, 연구, 프로그램 등에서 주로 사용하는데 이때는 '배우다'로 바꿔서 쓸 수 있지만 '배우다'보다 공식적인 느낌이 있어요.

예 ① 학생들은 온라인 강의를 통해 새로운 개념을 학습하게/배우게 된다.

② 이 프로그램은 효율적으로 언어를 학습할/배울 수 있도록 돕는다.

공부하다	배우다
다른 사람에게 가르침을 받거나 스스로 지식, 학문 등을 습득함 acquiring knowledge either from others or independently	
체계적이고 목표가 있는 학습, 학문, 기술의 영역에 한정해서 사용 studying with a clear goal in areas like academics or technical skills	공부하다 + 지식이나 경험, 상황 등을 통해 어떤 것을 자연스럽게 익힘 studying and naturally learning through knowledge, experiences, or situations

'공부하다', '배우다'를 사용해서 문장을 만들어 보세요.

[정답] 1. 공부하려는/배우려는 2. 공부하는 3. 배울 4. 배웠어요

015 구경하다 vs 관람하다

시청역 광장에 월드컵 경기를 구경하러/관람하러 갔다.

두 단어는 모두 어떤 것을 흥미나 관심을 가지고 본다는 의미가 있어요. 하지만 '관람하다'는 연극, 영화, 운동 경기, 미술품 등과 같이 **예술적, 문화적으로 관심이 있는 것에 주의를 기울여서 보는 일에 한정**해서 사용해요.

반면에 '구경하다'는 '관람하다'의 의미에 더해서 적극적인 태도는 아니지만 어떤 것을 즐기면서 가볍게 살펴본다는 의미가 있기 때문에 보다 **더 일상적이고 다양한 상황**에서 사용할 수 있어요.

예

① 주말에 날씨가 좋아서 고궁을 **구경했다/관람했다.**

② 이번 현장학습 때는 단체로 연극을 **관람하기로** 했다.

③ 유명한 화가의 전시회를 **관람하려는** 사람들이 길게 줄을 서 있다.

④ 구경 중에서는 싸움을 **구경하는** 것이 제일 재미있다.

⑤ 따뜻한 봄날, 카페에 앉아서 지나가는 사람들을 **구경하면서** 시간을 보냈다.

확인문제

1. A: 해외여행 또 갔다 왔다면서? 여행 자주 가네.

   B: 나는 넓은 세상을 (구경하는/관람하는) 게 제일 재미있거든.

2. A: 엄마, 이 영화 보고 싶어요.

   B: 이 영화는 잔인한 장면이 많아서 15세 이하는 (구경할/관람할) 수 없대.

3. A: 백화점에서 옷을 (구경하는/관람하는) 척하다가 슬쩍 가져간 사람이 잡혔대요.

   B: CCTV가 많아서 금방 잡힐 텐데, 간도 크네요.

4. A: 우리 할아버지가 어렸을 때는 서커스단이 동네마다 공연하러 다녔대.

   B: 나도 들었어. 그땐 놀거리가 별로 없어서 사람들이 서커스를 (구경하려고/관람하려고) 손꼽아 기다렸대.

<table>
<tr><th>구경하다</th><th>관람하다</th></tr>
<tr><td colspan="2">흥미나 관심을 가지고 봄
watching with interest or curiosity</td></tr>
<tr><td>더 일상적이고
다양한 상황
used daily or in various situations</td><td>예술적, 문화적으로 관심이 있는 것에
주의를 기울여 봄
paying close attention to matters of
artistic or cultural interest</td></tr>
</table>

'구경하다', '관람하다'를 사용해서 문장을 만들어 보세요.

[정답] 1. 구경하는 2. 관람할 3. 구경하는 4. 구경하고/관람하고

016 구매하다 vs 구입하다

이 제품을 구매하는/구입하는 고객에게 사은품을 제공합니다.

위의 문장에서처럼 '구매하다'와 '구입하다'는 모두 물건을 사는 행위를 뜻하지만, 사용되는 상황에서 약간의 차이가 있어요. '구매하다'는 비용이 발생하는 **'거래 행위 자체'에 초점**이 있고, '공동구매', '상품구매', '물품구매', '구매 고객', '알뜰 구매', '할부 구매' 등의 표현으로 많이 사용해요. 또, 좀 더 **공식적인 상황**에서 사용되기 때문에 **기업이나 조직 등에서 물품을 사는 경우**를 나타낼 때 주로 사용할 수 있어요.

'구입하다'는 '구매하다'와 비교해서 좀 더 **일상적인 대화** 상황에서 사용할 수 있고, 일반적으로 거래 행위 자체보다는 구체적으로 **'어떤 물건을 샀는지'에 초점**이 있어서 품목의 이름과 함께 사용해요.

예

① A 회사는 물품을 대량으로 **구매하기** 위해 입찰을 실시했다.

② 고가의 제품이지만 대량을 공동으로 **구매하면** 할인율이 높아진다.

③ 마트에는 저녁 반찬거리를 **구입하려는** 주부들로 붐볐다.

④ 나는 친구의 생일 선물로 목걸이를 **구입했다**.

확인문제

1. A: 지금 (구매하시면/구입하시면) 경품 이벤트에 응모할 수 있는데 하시겠어요?

   B: 아니요, 괜찮습니다.

2. A: 이거 미리 구매과에 예산 신청을 해야 돼요?

   B: 아니요, 간단한 소모품은 그냥 (구매한/구입한) 영수증만 내시면 돼요.

3. A: 독감 예방 접종 맞았어요? 올해 백신이 부족하다던데…

   B: 아직 못 맞았어요. 병원에 갔더니 정부에서 백신을 대량으로 (구매하기로/구입하기로) 결정했다면서 이달 말까지 기다리라고 하더라고요.

4. [뉴스]

   해외 직구나 해외 (구매/구입) 대행을 해 본 적 있으십니까? 사기로 피해를 보는 사람들이 늘어나고 있습니다.

구매하다	구입하다
물건을 돈을 주고 삼 purchasing something with money	
거래 행위 자체에 초점 focusing on the transaction itself 기업, 조직 등 공식적인 상황 used in official situations such as corporations or organizations	구체적으로 어떤 물건을 샀는지에 초점 focusing on the specific items purchased 일상적인 상황 used in everyday situations

'구매하다', '구입하다'를 사용해서 문장을 만들어 보세요.

[정답] 1. 구매하시면/구입하시면 2. 구입한 3. 구매하기로 4. 구매

017 구체적이다 vs 자세하다

홈페이지에 토픽 시험의 접수 방법이 구체적으로/자세하게 나와 있다.

두 단어는 사소하고 세밀한 부분까지 나타낸다는 점에서 비슷하게 사용할 수 있어요. 위의 의미에 더해서 '구체적이다'는 **추상적인 아이디어나 개념을 실제적인 예와 사실로 나타내는 경우**에 사용하는 반면에 '자세하다'는 **어떤 정보나 설명을 분명하고 세심하게 작은 부분 하나하나까지 나타낼 때** 사용해요.

예

① 오늘 회의에서 **구체적인/자세한** 부분까지 이야기를 나눴다.

② 이 사건을 해결할 수 있는 **구체적인** 증거를 찾았다.

③ 연봉 협상을 할 때는 **구체적인** 금액을 제시해야 한다.

④ 좀 더 **자세히** 알고 싶어서 박물관의 역사 해설 프로그램을 신청했다.

⑤ 오빠한테 모르는 수학 문제를 물어봤는데, **자세하고** 알기 쉽게 설명해 줬다.

확인문제

1. [전화]

A: 집에 올 때 먹을 것 좀 사다 줘.

B: 어떤 거? 원하는 걸 (구체적으로/자세히) 말해 줄래? 또 잘못 사 왔다고 혼내지 말고.

2. A: 아니, 해고라니… 무슨 일이 있었던 거야?

B: 몰라. (구체적인/자세한) 설명도 없이 나오지 말라고 하는 거야. 고용노동부에 좀 알아봐야겠어.

3. A: 어머! 사진인 줄 알았는데 (구체적으로/자세히) 보니 그림이네요.

B: 정말요? 와!

4. A: 어떻게 하는 건지 잘 모르겠어요. 죄송하지만 좀 더 (구체적으로/자세히) 설명해 주시겠어요?

B: 그게 그러니까… 먼저….

구체적이다	자세하다
사소하고 세밀한 부분까지 나타냄 showing the tiniest and most specific details	
추상적인 개념과 아이디어를 실제적인 예와 사실로 나타냄 representing abstract concepts and ideas with practical examples and facts	어떤 정보나 설명을 분명하고 세심하게 나타냄 clearly and carefully presenting information or explanations

'구체적이다', '자세하다'를 사용해서 문장을 만들어 보세요.

[정답] 1. 구체적으로 2. 자세한 3. 자세히 4. 구체적으로/자세히

018 권하다 vs 추천하다

친구에게 건강을 위해 아침 운동을 해 보라고 권했다/추천했다.

두 단어 모두 상대방에게 어떤 것을 제안하거나, 어떤 행동이나 대상을 권유하는 상황에서 사용할 수 있어요. 하지만 '권하다'는 **행동을 직접적으로 유도하거나 설득하려는 의도**가 강해서 상대방이 그 제안을 따르길 바라는 뉘앙스가 있어요.

반면에 '추천하다'는 소개하는 사람이 알고 있는 **여러 가지 선택지 중 적당한 것에 대한 정보를 제공**하는 것으로 단순히 **좋은 것을 소개하거나 알리고자 할 때** 사용해요. 이때 받아들이는 것은 상대방의 선택에 맡긴다는 뉘앙스가 있어요.

예

① 미용사가 손님에게 밝은색이 어울릴 거라면서 염색을 **권했다/추천했다**.

② 부모님에게 아침마다 가벼운 산책을 해 보라고 **권했다**.

③ 상담실 의자에 앉자 선생님이 우선 따뜻한 차를 한잔 마시라며 **권했다**.

③ 영화를 좋아하면 한국 영화가 재미있으니까 한번 보라고 **추천했다**.

④ 현우 씨가 회사 앞에 새로 생긴 식당의 된장찌개가 맛있다고 **추천해** 줬다.

확인문제

1. A: 서울에는 산이 많아서 등산을 하는 사람이 많은 것 같아요.

B: 맞아요. 그래서 그런지 등산을 (권하는/추천하는) 사람이 많아요.

2. A: 휴학하고 미국에 교환 학생으로 간다면서?

B: 어. 선배들이 졸업하기 전에 꼭 가 보라고 (권해서/추천해서) 신청했어.

A: 어느 학교 신청했어?

B: 과 선배가 뉴욕 대학교가 좋을 거라고 (권해서/추천해서) 거기로 가려고.

3. A: 특별히 이 책을 (권하는/추천하는) 이유가 뭐예요?

B: 인물들의 관계가 잘 그려져 있고 스토리가 참신해서요.

4. A: 한국에서 여행을 좀 하고 싶은데 (권할/추천할) 만한 곳 있어요?

B: 글쎄요. 부산에 가 보세요. 요즘 부산이 인기가 많더라고요.

권하다	추천하다
물건, 행동을 제안하거나 권유함 proposing or encouraging an action or item	
행동을 직접적으로 유도하거나 설득하려는 의도 intending to directly influence or persuade actions	여러 가지 선택지 중 적당한 것에 대한 정보를 제공 providing information about the appropriate option among various choices

'권하다', '추천하다'를 사용해서 문장을 만들어 보세요.

[정답] 1. 권하는/추천하는 2. B: 권해서, B: 추천해서 3. 추천하는 4. 추천할

019 귀찮다 vs 번거롭다

비 오는 날에는 우산을 들고 다니기가 너무 귀찮다/번거롭다.

두 단어 모두 다 하기 싫거나 성가신 느낌이 드는 상태를 나타낼 때 사용하는데 약간의 차이가 있어요. '귀찮다'는 주로 **마음의 불편함이나 피로감 등 감정이나 기분을 강조**할 때 주로 사용해요.

반면에 '번거롭다'는 **절차가 복잡해서 신경 쓸 일이 많거나 시간과 노력이 많이 드는 상황을 강조**할 때 사용해요.

예

① 매번 같은 설명을 해야 해서 너무 **귀찮다/번거롭다**.

② 오늘은 너무 피곤해서 씻는 것도 **귀찮다**.

③ 만사가 **귀찮아서** 아무것도 안 하고 계속 누워 있고 싶다.

④ 회원가입 절차가 **번거로워서** 가입을 포기했다.

⑤ 이사 준비가 너무 **번거로워서** 어디서부터 시작해야 할지 모르겠다.

확인문제

1. A: 오늘 오후에 운동 갈 거야?

   B: 운동하는 것도 (귀찮고/번거롭고), 그냥 집에 있을래.

2. A: 카드를 갱신하려면 또 서류를 제출해야 돼요?

   B: 네, 그렇더라고요. 그런데 조금 (귀찮긴/번거롭긴) 해도 한번 하고 나면 계속 쓸 수 있으니까요.

3. A: 이거 왜 아직도 반품 안 했어요?

   B: 해외 구매 대행으로 산 거라 반품 절차가 좀 (귀찮고/번거롭고) 시간도 많이 걸려서요.

4. A: 짐 정리 다 했어?

   B: 너무 (귀찮아서/번거로워서) 아직 가방을 하나도 안 풀었어.

귀찮다	번거롭다
하기 싫거나 성가신 느낌 feeling unwilling or annoyed by something	
마음의 불편함이나 피로감 등 감정이나 기분 강조 emphasizing emotional discomfort or fatigue	절차가 복잡해서 신경 쓸 일이 많거나 시간과 노력이 많이 드는 상황 강조 involving complicated steps or takes too much time and effort

'귀찮다', '번거롭다'를 사용해서 문장을 만들어 보세요.

[정답] 1. 귀찮고 2. 귀찮기/번거롭긴 3. 번거롭고 4. 귀찮아서

020 금방 vs 방금

현우는 자리에서 금방/방금 일어났다.

두 단어는 말하는 바로 그때나 말하고 있는 시점보다 바로 조금 전을 나타내요. 이런 상황에서는 두 단어를 같은 뜻으로 바꿔서 사용할 수 있어요. 그러나 아래와 같이 '금방'은 **시간적으로 가까운 미래**에도 사용할 수 있는 반면에 '방금'은 **미래와는 잘 쓰지 않아요**.

금방 왔어요.(O) 금방 갈 거예요.(O)

방금 왔어요.(O) 방금 갈 거예요.(X)

예

① **금방/방금** 밥을 먹었는데 또 배가 고프다.

② 에릭이 토픽 5급에 떨어졌다는 것을 **금방/방금** 들었다.

③ 이 약을 먹으면 **금방** 효과가 나타난다.

④ **금방** 끝날 거 같으니까 5분만 기다려 주세요.

⑤ 조금만 더 기다리면 엄마가 **금방** 도착할 거야.

확인문제

1. A: 엄마 어디 가셨니?

   B: 그건 얘기 안 하고 (금방/방금) 돌아온다고만 하셨어요.

2. [빵집]

   A: 사장님, (금방/방금) 나온 걸로 주세요.

   B: 네, 알겠습니다.

3. A: 어? (금방/방금) 무슨 소리 나지 않았어?

   B: 아니, 나는 못 들었는데.

4. A: 사교적인 사람은 어딜 가도 처음 만난 사람하고 (금방/방금) 친해지는 거 같아요. 참 부러워요.

   B: 엘라 씨도 그런 편인 거 같은데요?

'금방'과 비슷한 단어로 '곧'이 있어요. '곧'은 '지체 없이, 머지않아'의 의미가 있기 때문에 '금방'처럼 시간적으로 가까운 미래와 함께 사용하는데, '금방'보다 조금 더 격식적인 느낌이 있어요.

예 ① 서류가 완성되면 곧 가지고 가겠습니다.

② 회의를 곧 시작하니까 각자 위치에서 준비하세요.

금방	방금
말하는 그때나 시간적으로 가까운 과거 just before speaking or a time very close to the present	
시간적으로 가까운 미래에도 사용 used for the near future	시간적으로 가까운 미래에는 사용 X not used for the near future

'금방', '방금'을 사용해서 문장을 만들어 보세요.

[정답] 1. 금방 2. 금방/방금 3. 금방/방금 4. 금방

021 기르다 vs 키우다

아이를 기르는/키우는 게 얼마나 힘든 일인지 엄마가 되어서야 깨달았다.

위의 문장에서와 같이 이 단어들은 다른 사람의 육체나 정신, 능력이 성장할 수 있도록 보살핀다는 의미로 사용하며, 사람뿐만 아니라 동식물에 대해서 말할 때도 사용할 수 있어요. 책임감을 가지고 대상을 돌보는 일에 대해서 말할 때는 대부분 같은 의미로 사용할 수 있지만 이외의 상황에서는 의미에 차이가 있어요.

'기르다'는 **습관 등을 몸에 익숙하게 할 때, 머리카락이나 수염 등을 길게 자라게 할 때** 사용하고, '키우다'는 크기, 넓이, 높이, 부피 등을 **물리적으로 크게 만들거나 어떤 기운, 힘, 감정 등을 커지게 할 때** 사용해요.

예

① 아이를 낳아서 **길러/키워** 보니까 비로소 부모님을 이해하게 됐다.

② 문해력을 **기르는/키우는** 가장 좋은 방법은 책을 읽는 것이다.

③ 바른 습관을 **기르기** 위해서는 계획한 것을 실천했을 때 작은 보상을 하는 것이 좋다고 한다.

④ 소아암 환자의 가발을 만드는 곳에 기부하려고 계속 머리카락을 **기르는** 중이다.

⑤ 눈에 잘 띄지 않는 것 같아서 간판의 글자를 더 **키우려고** 한다.

⑥ 그 사람을 사랑하는 마음은 시간이 지날수록 더욱 더 **커졌다**.

확인문제

1. A: 요즘 허리가 너무 아파. 아무래도 병원에 가 봐야겠어.

   B: 일단 자세부터 바로 해. 바르게 앉는 습관만 (길러도/키워도) 지금보다 훨씬 덜 아플걸.

2. A: 식물을 (기르는/키우는) 게 이렇게 어려운 줄 몰랐어요.

   B: 생각보다 쉽지 않죠?

3. A: 수염 일부러 (기르는/키우는) 거야?

   B: 아니, 요즘 면도할 시간도 없을 만큼 바빴어.

4. A: 병원에 너무 자주 가는 거 아니에요?

   B: 아프면 병원에 가야지, 참다가는 병을 (기르게/키우게) 된다니까요.

5. A: 제자를 (기르는/키우는) 사람이라면 학문뿐만 아니라 제자의 인성에도 관심을 기울여야 합니다.

   B: 정말 공감되는 말씀입니다.

기르다	키우다
사람이나 동식물을 성장할 수 있게 돌봄 caring for people, animals, or plants to help them grow	
습관이 될 수 있게 함 building a habit 머리카락이나 수염 등을 길게 함 letting one's hair or beard grow	물질적인 것을 크게 함 increasing the size of something physically 기운, 힘, 감정 등을 커지게 함 building up strength, energy, or emotion

'기르다', '키우다'를 사용해서 문장을 만들어 보세요.

[정답] 1. 길러도 2. 기르는/키우는 3. 기르는 4. 키우게 5. 기르는/키우는

022 기억하다 vs 외우다

중요한 전화번호는 기억해/외워 두는 것이 좋다.

두 단어 모두 정보나 경험을 머릿속에 저장하거나 떠올리는 것을 나타내요. 하지만 사용하는 상황에 따라서 약간의 차이가 있어요.

'기억하다'는 이전에 **본 것, 들은 것, 느낀 것을 떠올리거나 잊지 않고 유지한다**는 뜻이 있어요. 한편 '외우다'는 무언가를 반복해서 생각하는 등 **적극적으로 노력하여 머릿속에 틀리지 않게 저장한다**는 의미가 있어요.

예

① 뇌의 노화를 예방하기 위해 단어를 **기억하려는/외우려는** 노력이 필요하다고 한다.

② 한국 사람들은 그날의 슬픔을 **기억한다**.

③ 나를 꼭 안아 주시던 할머니의 모습을 아직도 **기억하고** 있다.

④ 내일 발표가 있어서 열심히 발표문을 **외우고** 있다.

⑤ 토픽 시험을 잘 보려면 단어, 속담, 사자성어 등을 **외워야** 한다.

확인문제

1. A: 비밀번호를 잊어버려서 계속 '비밀번호 찾기'를 하는 중이야.
   B: 비밀번호를 (기억하지/외우지) 못하면 메모라도 해 놨어야지.

2. A: 이 시를 얼마나 많이 읽었는지 다 (기억할/외울) 정도야.
   B: 무슨 시인데? 나한테도 보여줘.

3. A: 어렸을 때 발표회에서 신데렐라 연극 했던 거 (기억해/외워)?
   B: 아니, 내가? 하나도 생각이 안 나.

4. A: 우리가 자주 가던 카페 이름이 '눈 내리는 마을' 아니야?
   B: 벌써 20년이 지났는데 아직도 그 이름을 (기억해/외워)?

<table>
<tr><th>기억하다</th><th>외우다</th></tr>
<tr><td colspan="2">머릿속에 저장하거나 떠올림
keeping or bringing back something from memory</td></tr>
<tr><td>본 것, 들은 것, 느낀 것을 떠올리거나
잊지 않고 유지함
remembering what one has seen, heard, or felt</td><td>적극적으로 노력하여
머릿속에 틀리지 않게 저장함
actively making an effort to store information correctly in the mind</td></tr>
</table>

'기억하다', '외우다'를 사용해서 문장을 만들어 보세요.

[정답] 1. 기억하지/외우지 2. 외울 3. 기억해 4. 기억해

023 꼭 vs 반드시

이번에는 열심히 해서 꼭/반드시 합격할 거야.

두 단어는 모두 '어떤 일이 있어도 틀림없이'의 의미로 사용할 수 있어요. 이때 '반드시'가 '꼭'보다 좀 더 **격식적**이고 단정적인 느낌이 있어요.

한편 '꼭'은 이런 의미 이외에도 **'조금도 어김없이'**, **'아주 잘'**, **'매우 흡족하게'**, **'아주 비슷하게'**의 의미도 가지고 있어요.

예

① 약은 **꼭/반드시** 식사 후에 먹어야 한다.

② 자이로드롭을 탈 때 너무 무서워서 눈을 **꼭** 감고 있었다.

③ 새로 산 셔츠가 가지고 있던 바지와 한 벌처럼 **꼭** 맞는다.

④ 이번 생일에 받은 선물이 모두 **꼭** 마음에 든다.

⑤ 그 아버지의 그 아들이라더니 아빠와 아들의 성격이 **꼭** 닮았다.

확인문제

1. A: 오늘 저녁 같이 먹을까?

B: 미안. 발표 준비를 오늘까지 (꼭/반드시) 끝내야 해서… 내일 만나자.

2. A: 저기 할머니, 할아버지가 손을 (꼭/반드시) 잡고 걸어가시는 모습이 정말 보기 좋지 않아요?

B: 그러네요. 저도 저렇게 멋지게 나이 들고 싶어요.

3. A: 현우가 안 오네. 연락도 없고.

B: 걔는 (꼭/반드시) 늦더라. 한 30분 있으면 나타날 거야.

4. A: 요즘 어린 사람들은 돈을 최고의 가치로 생각하는 거 같아요.

B: 안타깝네요. 돈이 많으면 편리한 건 사실이지만 (꼭/반드시) 행복한 것도 아닌데 말이에요.

5. A: 이렇게 차려입으니까 너무 예쁘다! (꼭/반드시) 연예인 같은데?

B: 내가 수지 닮았다는 얘길 자주 듣긴 하지.

<table>
<tr><th>꼭</th><th>반드시</th></tr>
<tr><td colspan="2">어떤 일이 있어도 틀림없이
no matter what, without fail</td></tr>
<tr><td>덜 격식적
used more in casual conversation
조금도 어김없이, 아주 잘,
매우 흡족하게, 아주 비슷하게
exactly / perfectly / just right /
precisely / very much alike</td><td>더 격식적
used in formal or written situations</td></tr>
</table>

'꼭, '반드시'를 사용해서 문장을 만들어 보세요.

[정답] 1. 꼭/반드시 2. 꼭 3. 꼭 4. 꼭/반드시 5. 꼭

024 낭비하다 vs 사치하다

▷ 친구하고 이야기해 보세요.

Q: 매일 8,000원짜리 커피를 마시는 건 **낭비하는** 것일까요?

Q: **사치할** 수 있을만큼 돈이 많이 생기면 뭘 사고 싶어요?

불필요한 물건을 사는 데 돈을 낭비하고 사치하는 버릇을 고쳐야 한다.

이 단어들은 물건이나 돈 등을 필요 이상으로 많이 쓸 때 사용하지만 그 의미와 뉘앙스에서 차이가 있어요. '낭비하다'는 **필요하지 않거나 가치가 없는 것에 돈, 시간, 물건 등을 쓰는 것**을 의미해요.

한편 '사치하다'는 분수에 맞지 않게 내가 쓸 수 있는 이상으로 큰돈을 쓰거나 고급스럽고 비싼 물건을 사는 등 **자신의 수준보다 지나친 소비를 하는 것**을 의미해요.

예

① 형편이 어려울 때 그렇게 매일 배달을 시키는 것은 **낭비하는/사치하는** 것이다.

② 필요하지 않은 물건을 사느라고 돈을 **낭비할** 때가 종종 있다.

③ 오후 내내 유튜브를 보면서 시간을 **낭비했다**.

④ 일도 하지 않으면서 명품만 찾으며 **사치하는** 동생이 한심하다.

⑤ 일한 지 20년이나 되었으니 나를 위해 한 번쯤 **사치하는** 것은 괜찮다.

확인문제

1. A: 할머니는 항상 (낭비하지/사치하지) 말라고 하셔.

B: 우리 할머니도 그래. 아끼면서 사는 게 당연하다고 생각하시니까.

2. A: 방학 동안 어떻게 지냈어?

B: 방학 내내 빈둥거리면서 시간을 (낭비해/사치해) 버렸어.

3. A: 호텔 예약했다면서요? 거기 엄청 비싸다고 들었는데요.

B: 특별한 날이니까 하루쯤 (낭비해도/사치해도) 괜찮다고 생각해요.

4. A: 뭘 그렇게 많이 샀어?

B: 다이소에 갔는데 거기서 이것저것 사다 보니 이렇게 많아졌어.

A: 거기 가면 꼭 (낭비하게/사치하게) 되더라.

<table>
<tr><th>낭비하다</th><th>사치하다</th></tr>
<tr><td colspan="2">필요 이상으로 돈이나 물건을 많이 씀
spending more money or resources than necessary</td></tr>
<tr><td>필요하지 않거나 가치가 없는 것에
돈, 시간, 물건 등을 씀
wasting money, time, or resources on
unnecessary or worthless things</td><td>자신의 수준보다
지나친 소비를 함
spending beyond one's means</td></tr>
</table>

'낭비하다', '사치하다'를 사용해서 문장을 만들어 보세요.

[정답] 1. 낭비하지/사치하지 2. 낭비해 3. 사치해도 4. 낭비하게

025 넉넉하다 vs 충분하다

음식의 양이 넉넉해서/충분해서 걱정하지 않아도 된다.

두 단어 모두 어떤 것이 필요한 양이나 기준에 모자라지 않을 정도로 여유가 있을 때 사용할 수 있어요. 하지만 '넉넉하다'는 **음식이나 돈**과 같은 물질뿐만 아니라 **시간, 공간, 마음의 여유를 표현할 때**도 사용해요.

한편 '충분하다'는 **어떤 목적을 달성하는 데에 필요한 조건이나 자격을 갖추었을 때**에도 사용하며, 보통 '무엇을 하기에 충분하다'의 형태로 많이 나타내요.

예

① 소극장이지만 공간이 **넉넉해서/충분해서** 관객이 다 앉을 수 있었다.

② 월급만으로 생활하는 것이 **넉넉하지/충분하지** 않아서 아르바이트도 한다.

③ 이 티셔츠는 사이즈가 **넉넉해서** 덩치가 큰 사람도 입을 수 있다.

④ 할머니는 마음 씀씀이가 **넉넉하셔서** 항상 나누는 걸 좋아하신다.

⑤ 네가 받은 점수는 토픽 5급을 받기에 **충분하다**.

확인문제

1. A: 음식이 (넉넉하니/충분하니) 많이 드세요.
   B: 네, 감사합니다.

2. A: 보너스 받았다면서?
   B: 어. 보너스 덕에 이번 달은 조금 (넉넉하게/충분하게) 살 수 있을 것 같아.

3. A: 회의 준비하는 데 시간이 얼마나 필요할 것 같아요?
   B: 두 시간이면 (넉넉할/충분할) 것 같습니다.

4. A: 팀장으로 지훈 씨 어때요?
   B: 지훈 씨라면 팀장이 될 자격이 (넉넉하다고/충분하다고) 봐요.

5. A: 일주일에 세 번은 운동해야겠지요?
   B: 저에게 운동은 일주일에 한 번이면 (넉넉해요/충분해요).

넉넉하다	충분하다
필요한 양이나 원하는 기준에 여유가 있음 having more than enough to meet the need or standard	
음식, 돈, 시간, 공간, 마음에 여유가 있을 때 when there is ample food, money, time, space, or a generous heart	어떤 목적을 달성하는 데 필요한 조건이나 자격을 갖추었을 때 when all necessary conditions or qualifications are met to achieve something

'넉넉하다', '충분하다'를 사용해서 문장을 만들어 보세요.

[정답] 1. 넉넉하니/충분하니 2. 넉넉하게 3. 넉넉할/충분할 4. 충분하다고 5. 충분해요

026 넘어지다 vs 미끄러지다

넘어지다

자전거를 타다가 넘어졌어요.

미끄러지다

눈길을 걷다가 미끄러졌어요.

추운 날 빙판길에서 넘어졌다/미끄러졌다.

이 단어들은 모두 사람이나 물체가 중심을 잃고 한쪽으로 쏠린다는 공통점이 있어요. 하지만 '넘어지다'는 주로 **한쪽으로 기울어지며 바닥에 쓰러지는 상황**에서 사용하고, '미끄러지다'는 **비탈이나 빙판길에서처럼 미끄러워서 몸을 통제하지 못하는 상황**에서 사용해요.

한편 '넘어지다'는 **어떤 일에 실패하거나 망했을 때**도 사용할 수 있고, '미끄러지다'는 **실패했을 때**뿐만 아니라 **차지하고 있던 자리, 지위 등을 지키지 못하고 밀려났을 때**도 사용할 수 있어요.

예

① 눈이 꽁꽁 얼어붙어서 **넘어질/미끄러질** 수 있으니 소심해야 한다.

② 버스정류장에서 집으로 뛰어가다가 돌에 걸려 **넘어졌다**.

③ 아기는 걷기 위해 수백, 수천 번 **넘어졌다가** 일어나기를 반복한다.

④ 비탈길에서 바나나 껍질을 밟고 **미끄러져서 넘어질** 뻔했다.

⑤ 성공한 사업가가 되려면 수없이 **넘어져도** 다시 일어나야 한다.

⑥ 이번에도 팀장 승진에서 **미끄러져서** 너무 속상하다.

확인문제

1. A: 오늘 스키 타는 거 재미있었어?

   B: 아니, 긴장한 상태로 계속 (넘어져/미끄러져) 내려오기만 했더니 온몸이 아파.

2. A: 의자가 부서졌네.

   B: 아까 바람에 (넘어지더니/미끄러지더니) 저렇게 돼 버렸어.

3. A: 축구하다가 친구 발에 걸려 (넘어져서/미끄러져서) 발목을 삐었어.

   B: 부었네! 얼른 정형외과에 가 봐.

4. A: 스타킹이 왜 그래요? 올이 다 나갔네요.

   B: 아까 계단에서 (넘어져서요/미끄러져서요). 사러 가야 돼요.

사람이나 물체가 중심을 잃고 한쪽으로 넘어질 때 사용하는 단어로 '쓰러지다'도 있어요. '쓰러지다'는 '서 있던 상태에서 바닥에 눕는 상태'가 된다는 의미예요. 또한 사람이 병이나 과로 따위로 정상 생활을 하지 못하고 몸져눕는 상태가 될 때, 기업이나 국가 등이 제 기능을 하지 못하는 상태가 될 때도 사용할 수 있어요.

예 ① 빈혈 때문인지 핑 돌면서 중심을 잃고 쓰러져서 병원에 실려 갔다.

② 과로로 쓰러진 노동자들을 위한 대책을 마련해야 한다.

③ 1997년 IMF 때는 부도로 쓰러지는 회사가 많았다.

넘어지다	미끄러지다
사람이나 물체가 중심을 잃고 한쪽으로 쏠림 losing balance and tilting to one side	
균형을 잃고 바닥에 쓰러짐 losing balance and falling down	미끄러운 외부적인 원인으로 인해 몸을 통제하지 못함 losing control on a slippery surface

'넘어지다', '미끄러지다'를 사용해서 문장을 만들어 보세요.

[정답] 1. 미끄러져 2. 넘어지더니 3. 넘어져서 4. 넘어져서요/미끄러져서요

027 다양하다 vs 많다

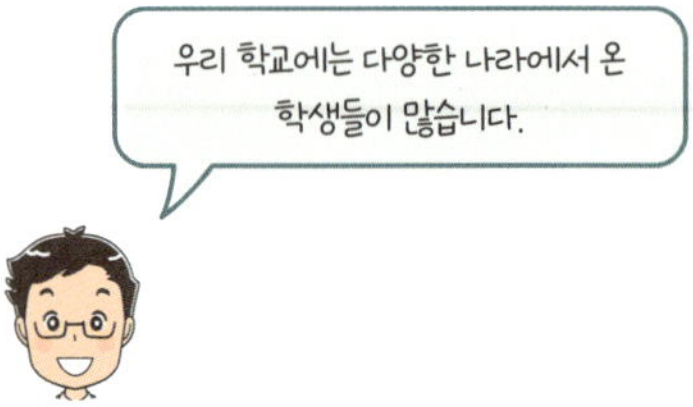

뷔페에 가면 다양한/많은 음식을 먹을 수 있다.

위 문장에서처럼 '다양하다'와 '많다'는 둘 다 수나 종류가 기준 이상이라는 의미가 있어요. 그런데 '다양하다'는 **한 범주 안에 속하면서도 종류나 형태, 특성 등이 서로 다른 여러 가지가 있다**는 것에 초점이 있어요.

반면에 '많다'는 주로 **개수나 양, 정도 등이 일정한 기준을 넘는다**는 것에 초점이 있어요.

예

① 독서 모임에서 **다양한/많은** 책을 읽었다.

② 한국어 선생님은 **다양한** 국적의 학생들을 만난다.

③ 서울에는 현대식 고층 건물이 **많다**.

④ 오늘은 해야 할 일이 **많아서** 밤까지 바쁠 것 같다.

확인문제

1. A: 이 브런치 카페는 메뉴가 정말 (다양하네요/많네요).

B: 네, 선택하기 어려울 정도예요.

2. A: 내일 시험이지?

B: 어, 맞아. 공부할 게 너무 (다양해서/많아서) 밤새워야 할 것 같아.

3. A: 우리 아이는 호기심이 (다양해서/많아서) 하고 싶어 하는 일이 많아요.

B: 아, 그래요? 다 하게 해 주세요. 뭐든지 많이 해 보는 게 좋지요.

4. A: 여기 앞에 새로 생긴 옷 가게에 가 봤어요?

B: 네, (많은/다양한) 스타일의 옷이 있더라고요. 한번 가 보세요.

종류나 형태가 다양함을 나타내는 말 중에는 '여러'도 있어요. 많은 수의 선택지나 항목이 있을 때 주로 사용하기 때문에 상황에 따라서 '많다'의 의미를 나타내기도 하고 '다양하다'의 의미를 나타내기도 해요.

예 ① 세계에는 여러 나라가 있다. (수많은 나라를 의미하며, 수의 많음을 강조)

② 미국에는 여러 인종이 어울려 산다. (다양한 인종을 의미하며, 특성이 다름을 강조)

③ 기술의 발달로 여러 환경 문제가 발생했다.

(수많은 문제임을 나타내기도 하고 서로 다른 다양한 문제임을 나타내기도 함)

다양하다	많다
수나 종류가 기준 이상 exceeding the standard in terms of quantity or variety	
한 범주 안에 종류나 형태, 특성 등이 서로 다른 여러 가지가 있음 having a variety of kinds, forms, or characteristics within a single category	개수나 양, 정도 등이 일정한 기준을 넘음 going beyond a set standard in quantity, amount, or degree

'다양하다', '많다'를 사용해서 문장을 만들어 보세요.

[정답] 1. 다양하네요/많네요 2. 많아서 3. 많아서 4. 다양한

028 다투다 vs 싸우다

우리 자매는 사이가 좋아서 좀처럼 다투는/싸우는 일이 없다.

두 단어 모두 의견이 달라서 주로 말로 잘잘못을 따진다는 의미가 있어요. 하지만 약간의 차이가 있는데, '다투다'는 의견이나 이해의 대립으로 보통 **말로 따진다는** 의미를 가지고 있고, '싸우다'는 **말뿐만 아니라 힘이나 무기 등을 가지고** 이기려고 한다는 의미가 있어요. 또한 '다투다'는 **우승이나 순위 등을 목표로 두고 겨룰 때, 어떤 어려움을 마주한 상황에서 사태가 매우 급박할 때**도 사용할 수 있어요. 반면에 '싸우다'는 **경기에서 누가 더 잘하고 못하는지 우열을 가릴 때, 어떤 시련이나 어려움 등을 이겨내려고 노력할 때** 사용해요.

예

① 어렸을 때는 장난감이나 옷 때문에 언니랑 자주 **다투곤/싸우곤** 했다.

② 전쟁에서 군인들은 나라를 지키기 위해 **싸우고** 또 **싸웠다**.

③ 이번 대회에서는 A팀과 B팀이 우승을 **다투게** 되었다.

④ 그 환자는 지금 매우 위중한 상태로 생명이 분초를 **다투고** 있다.

⑤ 국가대표팀은 최선을 다해 **싸웠지만** 압도적인 점수 차이로 크게 패배했다.

⑥ 태풍을 만난 선원들은 거친 파도와 **싸워야** 했다.

확인문제

1. A: 얘기 들었어? 앞집 큰아들이 사기범으로 경찰에 잡혔대.

B: 정말? 항상 전교 1등을 (다투던/싸우던) 수재가 어쩌다가 그렇게 된 거야?

2. A: 아이가 왜 저렇게 울어요? 무슨 일 있어요?

B: 말도 마세요. 장난감 때문에 형이랑 (다투다가/싸우다가) 결국 지고는 세상 떠나가라 우네요.

3. A: 윗집 할머니가 입원하셨는데, 의식이 없으시대요. 주말에 응급실을 돌다가 결국 때를 놓치셨나 봐요.

B: 어떡해요. 그렇게 일분일초를 (다툴/싸울) 정도로 심각할 줄 누가 알았겠어요.

4. [현충일 기념식에서]

나라를 위해 목숨을 걸고 (다투다/싸우다) 전사하신 군인들을 위해 묵념합시다.

다투다	싸우다
의견이 달라서 잘잘못을 따짐 arguing over right and wrong due to differing opinions	
말로 따짐 arguing through words	말, 힘, 무기 등으로 이기려고 함 attempting to win using words, force, or weapons

'다투다', '싸우다'를 사용해서 문장을 만들어 보세요.

[정답] 1. 다투던 2. 다투다가/싸우다가 3. 다툴 4. 싸우다

029 대여 vs 대출

대여

대출

본 도서관에서는 책 대출 서비스뿐만 아니라 e-book 리더기 대여 서비스도 제공합니다.

두 단어는 모두 무엇을 빌린다는 의미를 가지고 있어요. 하지만 어디에서 무엇을 빌리느냐에 따라 사용할 수 있는 단어가 달라요. 일상적인 상황에서 **물건이나 장소를 대가를 지불하고 빌리는 일**을 말할 때는 '대여'를 사용해요. 하지만 은행이나 도서관 같은 **공공기관**에서 정해진 조건에 동의하고 **돈이나 책, 자료를 빌릴 때**는 '대출'을 사용해요.

예

① 요즘은 파티룸을 **대여해서** 생일 파티를 많이 한다.

② 한강 공원에서는 5천 원을 내면 두 시간 동안 자전거를 **대여할** 수 있다.

③ 도서관에서는 한 달에 다섯 권까지 책을 **대출해** 준다.

④ 전셋집을 구하려면 은행에서 **대출**을 받아야 할 것 같다.

확인문제

1. A: 외국인 학생도 책을 빌릴 수 있어?

B: 아마 그럴걸. 이따가 도서관에 갈 일이 있는데 그때 (대여가/대출이) 가능한지 물어보고 알려줄게.

2. [은행]

A: 어떻게 오셨습니까?

B: 학자금 (대여를/대출을) 신청하려고 왔는데요.

3. A: 나 한복 입고 사진 찍고 싶어.

B: 경복궁 근처에 가면 한복 (대여를/대출을) 할 수 있는 곳이 많아.

4. A: 옛날에는 OTT 같은 게 없어서 영화를 보고 싶어 하는 사람들에게 비디오를 (대여해/대출해) 주는 가게가 있었대.

B: 정말? 그런 데가 있었대? 신기하다.

대여	대출
무엇을 빌림 the act of borrowing something for a limited time	
일상적인 상황 used in common situations 물건, 장소 used when borrowing items, or places	공공기관 used in public institutions 돈, 책, 자료 used when borrowing money, books, or resources

'대여', '대출'을 사용해서 문장을 만들어 보세요.

[정답] 1. 대출이 2. 대출을 3. 대여를 4. 대여해

030 대표적이다 vs 상징적이다

* 다음 중 맞는 단어를 고르세요.

1. 비둘기는 평화를 뜻하는 (   ) 새이다.

① 대표적인
② 구체적인
③ 상징적인
④ 정서적인

이 사건은 현재 우리나라의 상황을 잘 보여주는 대표적인/상징적인 사건이다.

위의 문장에서는 두 단어를 모두 사용할 수 있지만 그 의미에는 차이가 있어요. '대표적이다'는 **어떤 분야나 집단에서 가장 전형적이거나 두드러진 특징을 말할 때** 사용하고, '상징적이다'는 **추상적인 개념이나 사물을 구체적인 무언가로 나타낼 때** 사용해요.

예

① 김치는 '한국' 하면 떠오르는 **대표적인/상징적인** 음식이다.
② 수박과 복숭아는 여름의 **대표적인** 과일이다.
③ 아리랑은 한국인의 정서를 **대표적으로** 나타내는 민요이다.
④ 비폭력 운동의 **상징적인** 인물로 간디를 들 수 있다.
⑤ 하트 모양은 사랑하는 마음을 나타내는 **상징적인** 도형이다.

확인문제

1. A: 파리 여행 잘 갔다 와. 선물 잊지 말고.

B: 어떤 게 좋아?

A: 글쎄··· (대표적인/상징적인) 게 뭐가 있을까?

2. A: 눈 건강에 좋은 음식에 어떤 것이 있을까요?

B: 당근이 제일 (대표적이고/상징적이고) 베리류나 등 푸른 생선도 좋대요.

3. A: 한국에서 빨간색은 위험을 나타내는 (대표적인/상징적인) 색이에요.

B: 그래요? 중국에서는 빨간색이 행운을 나타내는 색이에요. 나라마다 문화가 달라서 재미있네요.

4. A: 감기에 걸렸나 봐요.

B: 네, 기침도 심하고 목이 너무너무 아프네요.

A: 인후통과 기침이 이번 감기의 (대표적인/상징적인) 증상이라고 하더라고요.

대표적이다	상징적이다
어떤 분야나 집단에서 가장 전형적이거나 두드러진 특징을 말할 때 the most typical or prominent feature in a field or group	추상적인 개념이나 사물을 구체적인 무언가로 나타낼 때 representing abstract concepts or things with something concrete

'대표적이다', '상징적이다'를 사용해서 문장을 만들어 보세요.

1. 대표적인/상징적인 2. 대표적이고 3. 상징적인 4. 대표적인

031 더럽다 vs 지저분하다

창문의 손자국이 너무 더러워/지저분해 보이니까 좀 닦아야겠다.

이 단어들은 둘 다 깨끗하지 않다는 의미를 가지고 있어서 대부분의 경우 같은 상황에서 사용할 수 있지만 어떤 상태에 초점이 있느냐에 따라서 뉘앙스 차이가 있어요.

'더럽다'는 주로 **위생적이지 않은 상태**를 말해요. 보통 **물리적 오염이 있는 경우**에 많이 사용해요. 예를 들어 음식물 쓰레기나 먼지가 쌓인 곳, 얼룩이나 때 등이 있는 상태에 대해 말할 때 사용할 수 있어요. 반면에 '지저분하다'는 '더럽다'의 의미뿐만 아니라 **물건이 여기저기 널려 있거나** 방, 책상 등 어떤 한 장소가 **정돈되지 않은 상태**를 말할 때도 사용해요.

예

① **더러운/지저분한** 손으로 음식을 먹으면 배탈이 난다.

② 변기가 너무 **더러워서** 화장실을 못 쓰겠다.

③ 비가 많이 와서 하수도의 **더러운** 물이 흘러넘치기 시작했다.

④ 책상 위에 서류들이 **지저분하게** 쌓여 있다.

⑤ 방 안에 책과 옷, 가방이 여기저기 널려 있어서 **지저분하다**.

확인문제

1. A: 주말에 뭐 할 거야?

B: 방이 너무 (더러워서/지저분해서) 청소하려고.

2. A: 커피 마실까?

B: 설거지부터 해야 해. 음식물 찌꺼기가 그릇에 남아 있어서 냄새도 나고 너무 (더러워/지저분해).

3. [뉴스에서]

조금 전에 불꽃 축제가 끝났습니다. 사람들이 버리고 간 쓰레기들이 여기저기 (더럽게/지저분하게) 널려 있습니다. 성숙한 시민 의식이 필요합니다.

4. A: 어? 여기… 스티커가 (더럽게/지저분하게) 붙어 있던 자리 아니야?

B: 어, 맞아. 그림을 걸어 놓으니까 감쪽같이 가려졌어. 아이디어 좋지?

'더럽다'는 위생적이지 않다는 의미 외에도 다른 사람의 말이나 행동 때문에 기분이 나쁘거나, 불쾌한 느낌을 주는 어떤 것에 대해 말할 때도 사용할 수 있어요.

예 ① 그런 말을 듣다니 기분이 더럽다.

② 더럽고 치사해서 회사 그만두고 싶어.

더럽다	지저분하다
깨끗하지 않음 not clean	
비위생적 + 물리적인 오염 unsanitary conditions and physical contamination	더럽다 + 정리 정돈이 안 된 상태 a dirty and disorganized state

'더럽다', '지저분하다'를 사용해서 문장을 만들어 보세요.

[정답] 1. 더러워서/지저분해서 2. 더러워 3. 지저분하게 4. 지저분하게

032 도대체 vs 도저히

나는 그 사람을 도대체/도저히 이해할 수가 없다.

두 단어 모두 부정적 상황에서 사용되는 표현이지만 사용하는 상황에 따라 차이가 있어요. '도대체'는 **전혀 이해할 수 없거나 정말 궁금해서 의문을 가지는 상황**에서 사용하며, '도저히'는 **아무리 노력을 해도 이해되지 않거나 해결할 수 없는 상황**에서 사용해요.

예

① 아이가 무슨 생각을 하는지 **도대체/도저히** 이해할 수가 없다.

② 사장님이 왜 화를 내는지 **도대체/도저히** 모르겠다.

③ **도대체** 무슨 말이 하고 싶은 거예요?

④ 배가 불러서 디저트는 **도저히** 못 먹겠다.

확인문제

1. A: 무슨 걱정이 있어요?

B: 아니, 아이가 무슨 생각을 하는지 (도대체/도저히) 알 수가 없어서 걱정이에요.

2. A: 다이어트를 한다면서 빵만 사는 너를 (도대체/도저히) 어떻게 이해해야 하니?

B: 나도 나를 이해할 수 없는데 네가 나를 어떻게 이해하겠니?

3. A: 왜 갑자기 학교를 그만둔다고 하는 건지 (도대체/도저히) 모르겠어.

B: 그냥 시간 낭비, 돈 낭비라는 생각이 들어서.

4. [번지점프 대기실]

A: 이제 손님 차례입니다.

B: 어떡해요. 무서워서 (도대체/도저히) 못 뛰겠어요.

'도저히'와 같은 뜻으로 '도무지'라는 단어가 있는데 '아무리 해도 어떤 결과를 얻을 수 없을 때'는 둘 다 바꿔서 쓸 수 있어요. 하지만 '뭐라고 할 것도 없이 아주'의 의미로 사용할 때는 '도무지'만 쓸 수 있어요.

예 ① 너무 매워서 도무지 먹을 수가 없어요.

② 그 사람은 연애에는 도무지 관심이 없어요.

도대체	도저히
부정적 상황 used in negative situations	
전혀 –지 않는다 used when something is completely incomprehensible	아무리 해도 –지 않는다 used when something cannot be resolved, no matter the effort

'도대체', '도저히'를 사용해서 문장을 만들어 보세요.

[정답] 1. 도대체/도저히 2. 도대체 3. 도대체/도저히 4. 도저히

033 독특하다 vs 특이하다

이 건물은 독특한/특이한 디자인으로 유명하다.

위의 문장에서처럼 '독특하다'와 '특이하다'는 모두 다른 것과 차별화되는 특징을 말할 때 사용해요. '독특하다'는 다른 것들과 **차별화된 개성이나 특성을 강조**할 때 사용해서 주로 긍정적인 의미로 사용하는 경우가 많아요. 반면 '특이하다'는 **일반적이지 않거나 예상과 다른 상태**를 의미해요. 일반적인 기준에서 벗어나거나 별난 점을 강조하기 때문에 부정적인 의미로 사용할 때도 있어요.

두 단어의 경우 반대말을 생각하면 의미를 이해하기 쉬운데 '독특하다'의 반대말은 '평범하다'이고, '특이하다'의 반대말은 '일반적이다'예요.

예

① 이 책은 지금까지 읽어 보지 못한 **독특한/특이한** 내용의 책이다.

② 그 사람의 말투와 행동이 **독특해서/특이해서** 사람들이 쳐다보았다.

③ 이 카페는 어디에서도 맛보지 못한 **독특한** 디저트로 인기를 끌고 있다.

④ 유명한 디자이너의 옷이라고는 하지만 너무 **특이해서** 입을 수가 없다.

확인문제

1. A: 그 집 아이들 이름이 '봄', '여름', '가을', '겨울'이래요.

B: 어머! 이름이 (독특해서/특이해서) 한 번 들으면 안 잊어버리겠어요.

2. A: 요즘은 (독특한/특이한) 아이디어로 승부하는 쉐프들이 인기가 많아요.

B: 평범함을 싫어하는 MZ세대에게 인기가 있지요.

3. A: 스페인의 가우디 건물은 디자인이 (독특해서/특이해서) 호불호가 있어요.

B: 저는 좋던데요. 요즘 건물들은 하나같이 같은 모양이라서 재미가 없잖아요.

4. A: 쟤는 성격이 (독특해서/특이해서) 어떻게 대해야 할지 모르겠어.

B: 왜? 무슨 일이 있었는데?

<table>
<tr><th>독특하다</th><th>특이하다</th></tr>
<tr><td colspan="2">다른 것과 차별화되는 특징
a feature that distinguishes something from others</td></tr>
<tr><td>차별화된 개성이나 특성을 강조
a distinctive character or trait</td><td>일반적이지 않거나 예상과 다른 상태
a state that is unusual or unexpected</td></tr>
</table>

'독특하다', '특이하다'를 사용해서 문장을 만들어 보세요.

[정답] 1. 독특해서/특이해서 2. 독특한 3. 독특해서/특이해서 4. 특이해서

034 두렵다 vs 무섭다

어두운 밤에 혼자 길을 걷는 것이 두렵다/무섭다.

두 단어 모두 공포를 느끼며 그 상황을 꺼리거나 피하고 싶은 심리적 상태를 나타내요. 하지만 '두렵다'에는 '무섭다'보다 **더 걱정되고 불안한 마음**이 들어 있어요. 또한 미래에 대한 불확실성, 결과에 대한 걱정 또는 어떤 상황에 대한 **불안한 심정**이 포함돼요. 반면에 '무섭다'는 공포 영화나 이야기 등 **구체적인 대상이 있거나 공포를 느낄만한 상황에서** 자주 사용해요.

예

① 아직 초보라서 차선을 변경하는 것이 **두렵다/무섭다**.

② 처음 우리 집에 온 고양이가 **두려운** 눈빛으로 나를 바라봤다.

③ 실패를 **두려워하면** 아무것도 시작할 수가 없다.

④ 어제 들은 귀신 이야기가 자꾸 생각나서 **무섭다**.

⑤ 세차게 몰아치는 비바람 소리를 들으니 **무서운** 느낌이 든다.

확인문제

1. A: 면접 잘 봤어?

B: 망한 거 같아. 이번에도 떨어져서 취업이 영영 안 될까 봐 (두려워/무서워).

2. A: 한강 수영장에 갈까요?

B: 저는 물이 (두려워서/무서워서) 수영을 못 해요.

3. A: 아이가 혼자 자요?

B: 아니요, 아직 혼자 자는 게 (두렵다고/무섭다고) 해서 같이 자고 있어요.

4. A: 뉴스 봤어요?

B: 네, 군인의 총구가 민간인을 향할 때 너무 (두려웠어요/무서웠어요).

<table>
<tr><th>두렵다</th><th>무섭다</th></tr>
<tr><td colspan="2">공포를 느끼며 그 상황을 꺼리거나 피하고 싶은 심리적 상태
a mental state where fear causes reluctance or avoidance of certain situations</td></tr>
<tr><td>더 걱정되고 불안한 마음
a more anxious and worried state of mind
불안한 심정
an anxious state of mind</td><td>구체적인 대상이 있거나
공포를 느낄만한 상황에서의 심정
the state of mind in situations
with a specific object or when experiencing fear</td></tr>
</table>

'두렵다', '무섭다'를 사용해서 문장을 만들어 보세요.

[정답] 1. 두려워/무서워 2. 무서워서 3. 무섭다고 4. 두려웠어요/무서웠어요

035 두리번거리다 vs 둘러보다

아무리 두리번거려도/둘러봐도 안 보인다.

이 단어들은 둘 다 주변을 살펴보는 행동을 의미하지만 사용되는 상황에는 차이가 있어요. '두리번거리다'는 주로 주위를 자주 돌아보거나 이리저리 시선을 움직이며 살펴보는 행동을 나타내요. 보통 **계획적이지 않거나 혼란스러운 상황**에서 사용해요.
반면에 '둘러보다'는 무언가를 찾거나 찾으려는 행동으로, **계획이나 의도를 가지고 주변을 자세히 살펴보거나 조사할 때** 사용해요.

예

① 역 앞에서 한참을 **두리번거렸다/둘러봤다.**

② 복잡한 곳에서 **두리번거리다가는** 다른 사람과 부딪히기 쉽다.

③ 길을 잃어버려서 **두리번거리고** 있을 때 누군가가 내게 말을 걸었다.

④ 전시회에 가서 다양한 작품을 **둘러봤다.**

⑤ 주말에 여러 집을 **둘러보고** 이사할 집을 결정하려고 한다.

확인문제

1. A: 마음에 드는 책상 찾았어?

   B: 아직. 직접 가서 한번 (두리번거리고/둘러보고) 사려고.

2. A: 저기 앞에 (두리번거리며/둘러보며) 걷는 사람 현우 씨 아니에요?

   B: 어! 맞는 것 같은데요. 여기 웬일이죠?

3. [카페에서]

   A: 경찰입니다. 여기에 수상한 사람 들어오지 않았나요?

   B: 카페에 들어오자마자 여기저기를 (두리번거리는/둘러보는) 사람이 있었는데 방금 나갔어요.

4. A: 나, 이걸로 살래!

   B: 겨울 내내 입을 코트인데 좀 더 (두리번거리는/둘러보는) 게 어때? 더 좋은 게 있을지도 몰라.

두리번거리다	둘러보다
무언가를 찾으려고 주변을 살펴봄 the act of checking the surroundings	
목적 없이 이리저리 looking around aimlessly	계획이나 의도가 있는 경우 exploring with a purpose or intention

'두리번거리다', '둘러보다'를 사용해서 문장을 만들어 보세요.

[정답] 1. 둘러보고 2. 두리번거리며 3. 두리번거리는/둘러보는 4. 둘러보는

036 따뜻하다 vs 포근하다

오늘 낮 최고 기온은 25도로 따뜻한/포근한 봄 날씨가 되겠습니다.

이 단어들은 위의 문장처럼 날씨에 대해서 말할 때는 너무 덥지도 춥지도 않고 기온이 적당하다는 의미로 사용해요. 그뿐만 아니라 어떤 상황이나 감정, 분위기 등이 정답고 편안하다는 느낌을 받을 때도 사용할 수 있어요.

하지만 기분이 좋을 만큼의 **적당한 온도나 다정하거나 온화한 사람의 성격이나 마음**에 대해 말할 때는 '따뜻하다'만 사용하고, 이불, 소파, 침대 같은 것이 **푹신해서 보드랍고 아늑하다는 느낌**을 말할 때는 '포근하다'를 주로 사용해요.

예

① 한겨울인데 계속 **따뜻해서/포근해서** 겨울 같지 않다.

② 거실 조명을 바꾸니까 분위기가 한결 **따뜻한/포근한** 것 같다.

③ 그 선배님은 첫인상과는 다르게 참 **따뜻한** 사람이다.

④ 목욕물이 **따뜻해서** 하루의 피로가 다 풀리는 느낌이었다.

⑤ 소파가 **포근해서** 앉아 있다가 나도 모르게 스르르 잠이 들었다.

확인문제

1. A: 음식을 좀 (따뜻하게/포근하게) 데워다 줄까? 다 식었겠다.

   B: 아니요, 괜찮아요. 지금 먹기 딱 좋아요.

2. A: 날씨가 너무 추워서 나는 벌써 전기장판을 꺼냈어.

   B: 그래? 전기장판은 금방 따뜻해지긴 하는데, 그래도 나는 두꺼운 이불을 덮는게 (따뜻해서/포근해서) 더 좋더라.

3. A: 이 그림 좀 봐. 보고 있으면 마음이 너무 행복해지지 않아?

   B: 그러게. 화가가 (따뜻한/포근한) 시선으로 세상을 보는 것 같다.

4. A: 넌 언제가 행복해?

   B: (따뜻한/포근한) 쿠션에 기대어 책을 읽을 때가 제일 행복해.

<table>
<tr><th>따뜻하다</th><th>포근하다</th></tr>
<tr><td colspan="2">날씨, 상황, 감정, 분위기 등이 정답고 편안함, 기분 좋은 느낌
weather, situations, emotions, or atmosphere that convey warmth, comfort, and pleasantness</td></tr>
<tr><td>성격, 마음, 온도
personality, emotions, or temperature</td><td>푹신한 물건의 느낌
the feeling of a soft, cushiony object</td></tr>
</table>

'따뜻하다', '포근하다'를 사용해서 문장을 만들어 보세요.

[정답] 1. 따뜻하게 2. 따뜻해서/포근해서 3. 따뜻한 4. 포근한

037 때리다 vs 치다

잔뜩 화가 난 남자는 손에 든 책으로 책상을 쾅 때렸다/쳤다.

위의 문장과 같이 두 단어는 모두 손이나 도구, 물건 등으로 어떤 것을 세게 두드리거나 부딪힐 때 사용할 수 있는데 뉘앙스가 조금 달라요. '때리다'는 상대가 되는 **대상이 아플 정도로 강한 힘을 가한다**는 의미가 있기 때문에 행동을 하는 주체가 사람일 때는 그 행동을 **의도적으로** 하는 것을 나타내요. 또한 빗방울, 바람, 파도 등 **행위의 주체가 사람이 아닐 때도 사용**할 수 있어요.

한편 '치다'는 **순간적으로 부딪히는 행동**에 대해서 말할 때 사용해요. 하지만 반드시 강한 힘을 가하는 행동에 대해서만 사용하는 것은 아니에요. 사람이 아닌 **공이나 악기 등을 두드리는 행동을 나타낼 때도 사용**할 수 있고, 실수나 버릇처럼 **의도적으로 하는 행동이 아닌 경우에도 사용**할 수 있어요.

예

① 말다툼을 하던 형은 동생의 등을 **때렸다/쳤다**.

② 아무리 아이가 잘못했다고 해도 회초리로 **때리는** 건 너무한 일이다.

③ 바람이 창문을 **때리는** 요란한 소리에 밤새 잠을 설쳤다.

④ 지하철에서 내릴 때 누군가가 내 어깨를 **치고** 사과도 하지 않았다.

⑤ 현우는 카페 앞쪽으로 나가서 피아노를 **치기** 시작했다.

확인문제

1. A: 아무리 장난이라도 다른 사람의 뺨을 (때리는/치는) 건 좀 아니지 않아?

   B: 기분 나빴어? 미안해. 진짜 생각 없이 한 장난이었어.

2. A: 저기 기타를 (때리는/치는) 사람 너무 멋있다!

   B: 정말 그러네. 딱 네 스타일인데?

3. A: 내 친구는 웃을 때 꼭 다른 사람을 (때리면서/치면서) 웃어.

   B: 의외로 그런 버릇을 가진 사람이 꽤 많더라고.

4. A: 그 소문 들었어요? 학교폭력위원회가 열렸대요.

   B: 네, 입원할 정도로 친구를 (때렸다고/쳤다고) 하네요.

5. A: 너 옷이 왜 이래?

   B: 실수로 컵을 (때리는/치는) 바람에 물이 다 쏟아졌어요.

<table>
<tr><th>때리다</th><th>치다</th></tr>
<tr><td colspan="2">손이나 도구, 물건 등으로 어떤 것을 세게 두드리거나 부딪힘
hitting or striking something forcefully using a hand, tool, or object</td></tr>
<tr><td>대상이 아플 정도의 큰 힘을 가함
applying enough force to cause pain to the target
의도적 행동
또는 자연 현상에도 사용
used for intentional actions
or natural occurrences</td><td>순간적으로 두드리거나 부딪힘
a quick strike or hit
의도적이지 않은 행동
또는 공이나 악기에도 사용
used for unintentional actions
or with a ball or an instrument</td></tr>
</table>

'때리다', '치다'를 사용해서 문장을 만들어 보세요.

[정답] 1. 때리는/치는 2. 치는 3. 치면서 4. 때렸다고 5. 치는

038 마구 vs 함부로

다른 사람의 옷차림에 대해서 마구/함부로 지적하는 것은 예의가 아니다.

두 단어는 모두 지나치거나 적절하지 않은 태도나 행동에 대해 말할 때 사용해요. 하지만 뉘앙스에 차이가 있어요.

'마구'는 어떤 행동이나 상황이 앞뒤를 가리지 않고 **무모하거나 지나치다**는 뜻이 있어요. 물리적이거나 감정적으로 매우 심하게 행동할 때 사용해요. 반면 '함부로'는 **조심하지 않거나 깊이 생각하지 않고 경솔하게 행동하는 상황**에서 사용해요. 특히 다른 사람에게 무례하거나 해를 끼칠 수 있는 행동을 강조할 때 사용해요.

예

① 쓰레기를 **마구/함부로** 버리면 주위가 금방 더러워질 것이다.

② 친구의 과제를 보고 **마구/함부로** 지적하다가 말다툼으로까지 이어졌다.

③ 배가 고파서 보이는 대로 **마구** 먹었다.

④ 비행기 시간에 늦지 않기 위해 있는 힘을 다해 **마구** 달렸다.

⑤ 상대방이 나이가 어리더라도 **함부로** 말하거나 대해서는 안 된다.

확인문제

1. A: 왜 그렇게 술을 (마구/함부로) 마셔요?

   B: 너무 화가 나서요.

2. A: 한국 사람들은 웃으면서 옆에 있는 사람들을 (마구/함부로) 쳐요. 왜 그래요?

   B: 정말요? 몰랐어요.

3. A: 어떻게 스트레스를 푸세요?

   B: 저는 화가 나거나 속상한 일이 있으면 드럼을 (마구/함부로) 쳐요.

4. A: 한국에서는 어른에게 반말을 하거나 (마구/함부로) 말하면 안 돼요.

   B: 지켜야 할 규칙이 많군요.

마구	함부로
지나치거나 적절하지 않은 태도나 행동에 대해 말할 때 engaging in excessive or inappropriate behavior	
무모하거나 지나치게 recklessly or without restraint	조심하지 않거나 깊이 생각하지 않고 경솔하게 carelessly or without thoughtful consideration

'마구', '함부로'를 사용해서 문장을 만들어 보세요.

[정답] 1. 마구 2. 마구/함부로 3. 마구 4. 함부로

039 마련하다 vs 준비하다

이 두 단어는 모두 어떤 일을 하기 위해 사전 작업을 하는 것을 의미해요. 그런데 '마련하다'는 **어떤 상황이나 목적을 이루기 위해 필요한 것들을 계획하고 체계적으로 준비하는 과정까지 포함**하는 말이에요. 따라서 시간이 좀 걸리는 자금을 모으거나 집 등을 준비하는 경우에 사용할 수 있어요. 이외에도 대책, 방안, 해결책과 같은 단어와 함께 사용할 때가 많아요.

한편 '준비하다'는 물리적인 것뿐만 아니라 **어떤 일을 하기 위해 들이는 시간, 필요한 마음의 자세까지도 포함**하며, 보다 일상적인 상황에서 폭넓게 사용할 수 있어요.

예

① 창업을 하기 위해서 이것저것 **마련할/준비할** 것이 많다.

② 결혼 전에 미리 신혼집을 **마련하는** 것은 아주 어려운 일이다.

③ 저녁 식사를 **준비하기** 위해 마트에 다녀왔다.

④ 회의를 시작하기 전에 **준비한** 발표 자료를 출력해야 한다.

⑤ 이번에 떨어져도 칠전팔기로 재도전할 각오를 하고 오디션을 **준비했다**.

확인문제

1. A: 다음 주에 공연하지요? 부모님도 오세요?

   B: 네, 무대 앞에 부모님을 위한 자리를 (마련했어요/준비했어요).

2. A: 유학 준비는 잘하고 있어?

   B: 아직. 아르바이트를 하면서 유학 경비를 (준비하는/마련하는) 중이야.

3. A: 여행을 (마련할/준비할) 때 가장 신경 쓰는 게 뭐예요?

   B: 음… 숙소? 제가 잠자리에 좀 예민한 편이라서요.

4. A: 한국은 겨울 날씨가 많이 춥다는데 미리 겨울옷을 (마련하세요/준비하세요).

   B: 그래서 얼마 전에 두꺼운 패딩점퍼를 하나 (마련했어요/준비했어요).

마련하다	준비하다
어떤 일을 하기 위한 사전 작업 preparation done in advance	
특별한 목적을 가지고 오랜 시간을 들임 a process involving time and effort for a specific purpose 마음, 감정적인 준비에는 사용 X not typically used for emotional or mental preparation	일상생활에서 폭넓게 사용 widely used in daily life 물질적, 시간적, 감정적인 것 used for material, temporal, and emotional aspects

'마련하다', '준비하다'를 사용해서 문장을 만들어 보세요.

[정답] 1. 마련했어요/준비했어요 2. 마련하는 3. 준비할 4. A: 준비하세요, B: 마련했어요/준비했어요

040 마음껏 vs 충분히

이거 많이 있으니까 마음껏/충분히 가져가.

두 단어 모두 어떤 행동을 할 때 정도나 양에 제한이 없거나 부족함이 없음을 나타내지만, 의미와 사용되는 상황은 차이가 있어요.

'마음껏'은 자기가 원하는 만큼 **자유롭고 제한 없이 어떤 행동을 한다**는 느낌이 강하며, 행동의 범위나 정도가 그 행동을 하는 사람의 의지에 따라 결정돼요. 반면에 '충분히'는 **만족스러울 만큼** 어떤 행동을 하거나, 어떤 것이 필요한 정도나 양에 **모자람 없이 넉넉한 상태**임을 나타내요.

예

① 시험이 끝났으니 오늘은 **마음껏/충분히** 자고 싶다.

② 아이들이 공원에서 **마음껏** 뛰어놀고 있다.

③ **충분히** 쉬어야 피곤이 풀릴 것이다.

④ 시간이 **충분히** 있으니까 서두르지 않아도 된다.

⑤ 점심을 **충분히** 먹어서 그런지 간식 생각이 나지 않는다.

확인문제

1. A: 이번 프로젝트 때문에 정말 힘들었어.

   B: 고생했어. 다음 주에 여행 가니까 (마음껏/충분히) 즐기다 와.

2. A: 시험 준비가 부족한 것 같아서 걱정돼.

   B: (마음껏/충분히) 공부했으니까 괜찮을 거야. 자신감을 가져.

3. [해수욕장에서]

   A: 빨리 들어가자!

   B: 준비 운동했어? 준비 운동을 (마음껏/충분히) 하고 들어가야지.

4. A: 1층으로 이사 간다면서요?

   B: 네, 이제 아이들이 집에서도 (마음껏/충분히) 뛸 수 있을 것 같아요.

<table>
<tr><th>마음껏</th><th>충분히</th></tr>
<tr><td colspan="2">어떤 행동을 할 때 정도나 양에 제한이 없거나 부족함이 없음
no limit or insufficiency in the extent or amount of an action</td></tr>
<tr><td>자유롭고 제한 없이
freely and without restrictions</td><td>만족스러울 만큼
enough to feel satisfied
모자람 없이 넉넉하게
fully and generously; with nothing lacking</td></tr>
</table>

'마음껏', '충분히'를 사용해서 문장을 만들어 보세요.

[정답] 1. 마음껏/충분히 2. 충분히 3. 충분히 4. 마음껏

041 마음에 들다 vs 좋아하다

인터넷에서 산 ~~신발을 안 좋아해서~~ 반송하고 환불을 받기로 했다.

신발이 마음에 안 들어서

나는 하늘색을 좋아해서 하얀색 티셔츠보다 하늘색 티셔츠가 마음에 든다.

두 단어 모두 어떤 것에 대한 호감을 나타내는 긍정적인 표현이에요. 하지만 '마음에 들다'는 보통 어떤 **특정한 상황이나 결과에 대한 호감을 나타낼 때** 사용하는 반면에 '좋아하다'는 좀 더 **일반적이고 지속적인 호감이나 취향을 나타낼 때** 사용해요. 또한 '마음에 들다'보다 더 강한 선호도를 나타내요.

예

① 뷔페에 갔는데 **마음에 드는/좋아하는** 음식이 별로 없어서 많이 먹지 못했다.

② 고양이가 그려져 있는 엽서가 **마음에 들어서** 다섯 장이나 샀다.

③ 새로 생긴 도서관이 책도 많고 분위기도 아늑해서 **마음에 들었다**.

④ 엘라는 주말에 혼자서 영화 보는 것을 **좋아한다**.

⑤ 우리 엄마는 요리를 **좋아해서** 새로운 레시피로 만들어 보는 것을 즐긴다.

확인문제

1. A: 어제 산 옷 어때? 입어 봤어?

   B: 어. 색깔도 예쁘고 편해서 (마음에 들어/좋아해).

2. [미용실에서]

   A: 이 중에서 (마음에 드는/좋아하는) 스타일이 있으세요?

   B: 네, 이렇게 해 주세요.

3. A: 생일 선물로 꽃을 준비했는데 시연이가 좋아할까?

   B: 당연하지. 요즘 꽃에 관심이 있다고 했으니까 (마음에 들어할/좋아할) 거야.

4. A: (마음에 드는/좋아하는) 한국 음식 있어?

   B: 나, 냉면!

마음에 들다	좋아하다
호감을 나타냄 showing liking or affection.	
특정한 상황이나 결과에 대한 호감 liking something because of a specific situation or outcome	일반적이고 지속적인 호감이나 취향 a general and long-lasting liking or preference

'마음에 들다', '좋아하다'를 사용해서 문장을 만들어 보세요.

[정답] 1. 마음에 들어 2. 마음에 드는 3. 마음에 들어할/좋아할 4. 좋아하는

042 마주보다 vs 바라보다

마주보다

바라보다

바라보다

두 사람은 서로 마주보며/바라보며 손을 흔들었다.

두 단어 모두 어떤 대상을 보는 것을 나타내는데 단어를 사용하는 의도와 상황에 따라 차이가 있어요. '마주보다'는 **서로 눈을 맞추거나 얼굴을 마주 대하여 본다**는 의미를 가지고 있어요.

한편 '바라보다'는 어떤 대상을 주목하거나 집중해서 쳐다볼 때 사용하는데 한쪽이 **일방적으로 가만히 보거나, 어떤 곳을 똑바로 쳐다본다**는 의미가 있어요.

또한 '바라보다'는 위의 의미 이외에 보이지 않는 현상이나 사태를 주의 깊게 관찰할 때, 실현 가능성이 있다고 생각한 일에 대해 기대나 희망을 가질 때, 어떤 나이에 가깝게 다다를 때도 사용할 수 있어요.

예

① 사귄 지 얼마 안 된 연인들은 **마주보고/바라보고** 있는 것만으로도 행복해한다.

② 요즘 너무 바빠서 아이와 얼굴을 **마주보고** 이야기한 것이 언제인지 모를 정도다.

③ 조이는 숙제를 멈추고 멍하니 창밖만 **바라보고** 있다.

④ 현실을 제대로 **바라보아야** 문제를 해결할 수 있다.

⑤ 그는 합격만을 **바라보고** 공부에 매진하고 있다.

⑥ 어느새 나도 환갑을 **바라보는** 나이가 됐다.

확인문제

1. A: 뭘 그렇게 열심히 보고 있어? 하늘에 뭐가 있어?

   B: 별이 정말 많지 않아? 시골에 오면 이렇게 밤하늘을 멍하니 (마주보게/바라보게) 돼.

2. A, B: 게임을 설명해 주세요.

   C: 일단 두 분이 서로 (마주보고/바라보고) 앉으세요.

3. [카페에서]

   A: 저렇게 컵 하나에 빨대 두 개 꽂아서 서로 (마주보고/바라보고) 먹는 거 너무 비위생적이야.

   B: 부러우면 지는 거야.

어떤 사람이나 어떤 것을 한쪽에서 일방적으로 볼 때 '쳐다보다'도 사용할 수 있어요. '쳐다보다'는 어떤 사람이 올려다보거나 얼굴을 들어 똑바로 본다는 의미가 있어요. 일반적으로 '마주보다', '바라보다'와 달리 '쳐다보다'는 보는 대상에 대한 애정이 없거나 부정적인 상황일 때 많이 사용해요.

예 ① 현우는 버스 안에서 소리가 나는 쪽을 힐끗 쳐다봤다.

② 엄마, 길에서 형들이 쳐다본다고 시비 걸면서 때렸어.

마주보다	바라보다
눈으로 대상을 살펴봄 looking at something	
서로 눈을 맞추거나 얼굴을 마주 대하여 봄 making eye contact with each other or facing each other	일방적으로 가만히 보거나 어떤 곳을 향하여 똑바로 봄 staring at something or looking straight ahead at a specific place

'마주보다', '바라보다'를 사용해서 문장을 만들어 보세요.

[정답] 1. 바라보게 2. 마주보고 3. 마주보고/바라보고

043 맑다 vs 화창하다

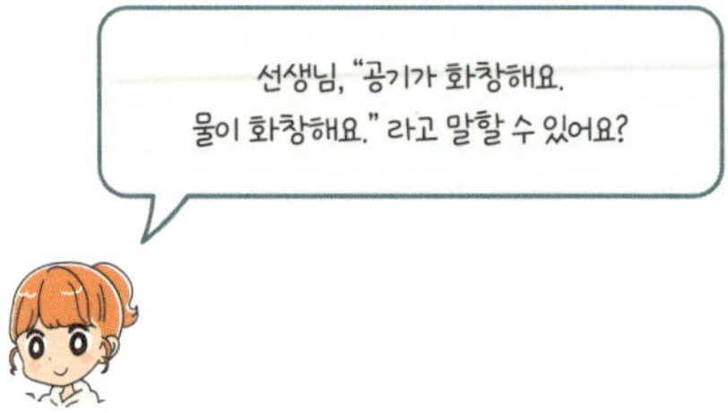

일주일 내내 비가 오더니 오랜만에 날씨가 맑다/화창하다.

이 단어들은 모두 날씨가 탁하지 않고 깨끗하다는 의미가 있어요. 하지만 '화창하다'는 **날씨에 한정**해서 사용하는 반면에 '맑다'는 날씨뿐만 아니라 **물, 공기 등 자연**에 대해서 말할 때도 자주 사용해요. 또한 **소리**가 청명하고 깨끗하다는 의미로도 사용하고 얼굴, 눈, 정신, 마음씨 등 **사람의 몸과 마음**에 대해서 말할 때도 사용할 수 있어요.

예

① 며칠 동안 미세먼지가 심했는데, 오늘은 **맑아서/화창해서** 살 것 같다.

② 도시에서 벗어나니 역시 공기가 **맑고** 깨끗하다.

③ **맑고** 청아한 풍경 소리를 듣고 있으니 마음도 깨끗해진다.

④ 유나 씨가 건강을 많이 회복했는지 얼굴이 많이 **맑아졌다**.

⑤ 눈이 **맑은** 사람이 마음도 **맑은** 것 같다.

확인문제

1. A: 오늘 날씨 참 좋지?

B: 그러게. 진짜 (맑다/화창하다). 우리 산책이라도 갈까?

2. A: 아팠다고 들었는데, 안색이 좋아졌네요.

B: 네, 역시 몸이 건강해야 얼굴도, 정신도 (맑아지는/화창해지는) 것 같아요.

3. A: (맑은/화창한) 아이 노랫소리를 들으니까 힐링이 된다.

B: 맞아. 예술이다. 예술!

4. A: 서울에서 조금만 벗어나도 물이 이렇게나 (맑다/화창하다)!

B: 그러게. 자주 와야겠어.

맑다	화창하다
날씨가 탁하지 않고 깨끗함 clear and clean weather	
날씨 + 자연, 소리, 몸과 마음 used not only for weather, but also for nature, sound, and the body or mind	날씨에 한정 only used for weather

'맑다', '화창하다'를 사용해서 문장을 만들어 보세요.

[정답] 1. 맑다/화창하다 2. 맑아지는 3. 맑은 4. 맑다

044 머무르다 vs 묵다 vs 살다

서울에 사는 지훈 씨는 부산으로 출장을 가면 3~4일 정도 머무르는데, 그동안은 보통 비즈니스 호텔에서 묵곤 한다.

위의 문장에서처럼 세 단어는 모두 특정 장소에서 시간을 보낸다는 의미를 갖지만, 각각의 의미와 뉘앙스가 달라요.

'머무르다'는 주로 **일시적인 체류**를 의미해서 짧은 기간 동안 임시로 어떤 장소에서 지내거나 시간을 보내는 것을 나타내요. '묵다'는 '머무르다'와 의미가 비슷하지만 주로 호텔, 게스트하우스 또는 친구 집 등 어떤 장소에서의 **숙박을 강조할 때** 사용해요. '살다'는 **장기적인 거주**를 의미해요. 단순히 한곳에 머무르는 것 이상의 의미로, 장소보다는 **일상적인 생활을 계속해서 한다**는 것에 초점이 있어요.

예

① 나는 지금 강남에 **머무르고/묵고/살고** 있다.

② 그는 친척들을 만나기 위해 서울에 일주일 정도 **머무른** 다음에 돌아간다고 했다.

③ 이곳은 겨울에 철새들이 **머물렀다가** 가는 곳으로 유명하다.

④ 제주도에 갔을 때 게스트하우스에서 이틀을 **묵었다**.

⑤ 부모님이 계시는 고향을 떠나 혼자서 **산** 지 벌써 10년이나 됐다.

확인문제

1. A: 고향에서 친구가 다음 주에 오기로 했어요. 광주에서 이틀 정도 (머물렀다가/묵었다가/살았다가) 목포에 갈 거래요.

   B: 광주에서 겨우 이틀만요?

2. A: 도쿄에 여행 갔다 왔다면서요? 숙소는 어떻게 했어요?

   B: 친구 집에서 3일, 호텔에서 하루 (머물렀어요/묵었어요/살았어요).

3. A: 한국어를 잘하시네요. 한국에 얼마나 있었어요?

   B: 한국에서 (머무른 지/묵은 지/산 지) 벌써 7년쯤 됐어요.

4. [호텔 문의 전화]

   A: 안녕하세요. 혹시 오늘 (머무를/묵을/살) 방이 하나 있을까요?

   B: 죄송합니다. 오늘은 만실이라서 빈방이 없습니다.

머무르다	묵다	살다
	특정 장소에서 시간을 보냄 spending time at a specific location	
일시적인 체류 temporary stay (no need to stay overnight)	숙박을 강조 temporary accommodation (requires staying overnight)	장기적인 거주 + 일상생활 living somewhere long-term with everyday life

'머무르다', '묵다', '살다'를 사용해서 문장을 만들어 보세요.

[정답] 1. 머물렀다가 2. 묵었어요 3. 산 지 4. 묵을

045 명확하다 vs 분명하다

이 프로젝트의 주제는 명확하다/분명하다.

두 단어 모두 어떤 것이 이해하기 쉽고 혼동의 여지가 없는 확실한 사실이나 상태를 나타낼 때 사용해요.

단, '명확하다'는 **정보나 내용이 논리적이고, 맥락이 이론적·추론적으로 확실해서 구체적이고 사실적인 내용을 말할 때** 사용해요. 반면에 '분명하다'는 사실뿐만 아니라 **감각적이고 직관적인** 측면 즉, **모습, 소리, 행동, 태도, 성격** 등이 뚜렷하게 보이거나 의심할 여지가 없을 정도로 쉽게 이해될 때 사용해요.

예

① 죄를 지은 사람이 법의 심판을 받아야 한다는 것은 **명확한/분명한** 사실이다.

② 김 선생님의 설명은 아주 **명확해서** 이해하는 데 어려움이 없다.

③ 주장을 할 때는 논지를 뒷받침할 수 있는 **명확한** 근거를 들어야 한다.

④ 발표자는 청자들이 잘 들을 수 있도록 크고 **분명한** 목소리로 말해야 한다.

⑤ 유나 씨는 성격이 **분명해서** 좋고 싫음이 확실하다.

확인문제

1. A: 다음 주에 발표가 있는데 발표문을 어떻게 써야 할지 걱정이야.

   B: 주제를 (명확하게/분명하게) 드러내는 게 제일 중요해.

2. A: 아까 회의 때 사장님 표정 봤어요?

   B: 네. 부장님 얘기에 화가 난 게 (명확해요/분명해요).

3. A: 너, 에릭하고 사귈 거야?

   B: 글쎄… 잘 모르겠어.

   A: 썸 타지 말고 태도를 (명확히/분명히) 해.

4. A: 이 책은 복잡한 개념에 대해 쉽고 (명확하게/분명하게) 설명하고 있어서 그리 어렵지 않아.

   B: 책 제목이 뭐라고?

명확하다	분명하다
이해하기 쉽고 혼동의 여지가 없는 확실한 사실이나 상태를 나타냄 showing something that is definitely true or easy to understand with no room for misunderstanding	
구체적이고 사실적 (정보, 내용, 맥락 등) specific and factual details, such as information, content and context	감각적이고 직관적 (모습, 소리. 행동, 태도, 성격 등) sensory and intuitive qualities, such as appearance, sound, behavior, attitude and personality

'명확하다', '분명하다'를 사용해서 문장을 만들어 보세요.

[정답] 1. 명확하게/분명하게 2. 분명해요 3. 분명히 4. 명확하게

046 모으다 vs 수집하다

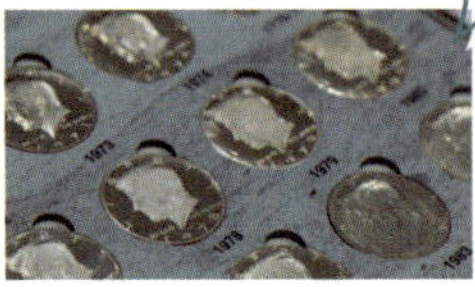

어렸을 때부터 모은/수집한 그림엽서가 네 상자나 된다.

두 단어 모두 여러 가지 물건을 필요에 따라 버리지 않고 둔다는 점에서는 의미가 같지만 사용하는 상황에서는 차이가 있어요. **취미 생활이나 연구 활동 등 어떤 목적을 가지고** 물건이나 자료 등을 찾아서 둘 때는 '수집하다'를 주로 사용해요.

한편 '모으다'는 '수집하다'의 의미뿐만 아니라 **흩어져 있는 것, 따로 있는 것을 한 곳에 합친다**는 의미로도 사용할 수 있어요. 또한 물건뿐만 아니라 **돈이나 사람**에 대해서 말할 수도 있고, **정신, 노력, 힘, 관심**처럼 눈에 보이지 않는 것에 대해서 말할 때도 사용할 수 있어요.

예

① 논문 자료를 **모으는/수집하는** 데 오랜 시간이 걸렸다.

② 지금까지 **모은/수집한** 피규어를 넣어 둘 장식장을 구입했다.

③ 아버지는 마당에 여기저기 흩어진 낙엽을 한곳에 **모았다**.

④ 오늘까지 프로그램에 참석할 방청객 100명을 **모아야** 한다.

⑤ 사회 문제를 해결하기 위해서는 사람들의 관심을 하나로 **모으는** 것이 중요하다.

확인문제

1. A: 평생 기와를 (모은/수집한) 사람의 이야기 들었어.

   B: 기와? 왜?

   A: 우리나라 생활사의 중요한 자료라고 생각했대. 박물관까지 개관했다니 정말 대단하지 않아?

2. A: 오늘에서야 돌아가신 할아버지가 쓰시던 옷가지랑 물건을 (모아서/수집해서) 태웠어.

   B: 정리하느라 힘들었겠네. 마음도 잘 추스리길 바라. 힘내!

3. A: 이번 폭우로 고향에 피해가 컸다면서?

   B: 난리도 아니었어. 그래도 마을 사람들이 힘을 (모은/수집한) 덕에 생각보다 빨리 복구됐어.

4. A: 주말에 뭐 했어요?

   B: 아이하고 곤충 박물관에 갔다 왔어요. 거기 박물관장이 나비를 연구하려고 (모은/수집한) 나비 표본이 100종이 넘더라고요.

모으다	수집하다
물건을 버리지 않고 한 곳에 둠 saving and keeping things instead of throwing them away	
수집하다 + 흩어져 있는 것을 한 곳에 합침 collecting scattered things and gathering them in one place 돈, 사람, 정신, 노력, 힘, 관심 used with abstract things like money, people, mind, effort, power, or attention	취미, 연구 활동 used for hobbies or research activities, like collecting stamps or data

'모으다', '수집하다'를 사용해서 문장을 만들어 보세요.

[정답] 1. 모은/수집한 2. 모아서 3. 모은 4. 모은/수집한

047 목적 vs 목표

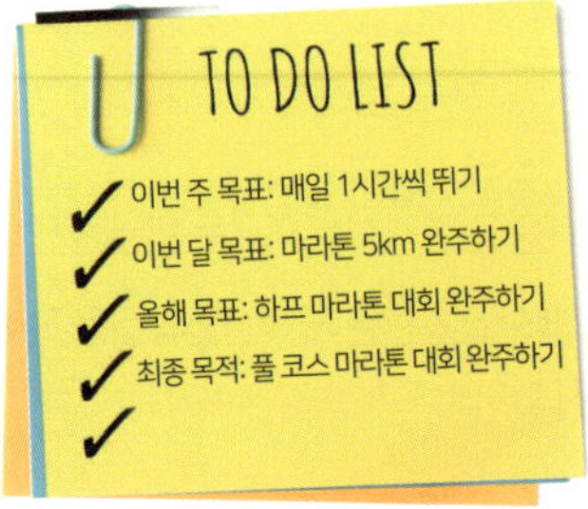

엘라는 목적을/목표를 달성하기 위해서 수단과 방법을 가리지 않는다.

'목적'은 실현하려고 하는 일이나 궁극적으로 나아가려고 하는 방향을 의미하며 '목표'는 어떤 목적을 이루기 위한 구체적, 실제적인 단계나 대상을 의미해요. 다시 말해 '목적'은 **마지막에 도달하고 싶은 지향점**이고, '목표'는 **그 목적을 이루기 위해 구체적으로 정해 놓은 한계나 기준**을 말해요.

예

① 그는 **목적**을/**목표**를 달성하고 나서 뒤도 돌아보지 않고 떠났다.

② 유학의 **목적**에 따라 학습 **목표**가 달라져야 한다.

③ 그녀는 20대에 세운 인생의 **목표**를 50대에 다 이루고 기뻐했다.

④ 국가 대표 선수들은 올림픽 금메달을 **목표**로 열심히 훈련하고 있다.

확인문제

1. A: 요즘 도로 공사를 많이 하네요.

   B: 그렇더라고요. 세금이 (목적/목표)에 맞게 잘 쓰이고 있는지 모르겠어요.

2. A: 한국 사람들이 세종대왕을 존경하는 이유는 한글을 만들었기 때문이야?

   B: 음. 그런 이유도 있지만 한글을 만든 게 백성들의 삶을 편하게 하려는 (목적이었/목표였)기 때문에 존경하는 거지.

3. A: 어떻게 사는 게 잘 사는 걸까요?

   B: 그건 잘 모르겠지만, 어쨌든 제 인생의 (목적은/목표는) 좋아하는 일을 하면서 남도 도울 수 있는 일을 하는 거예요.

4. A: 요즘 시연이가 줄넘기 연습을 자주 하는 거 같아요.

   B: 잘하고 싶대요. 일단 (목적을/목표를) 세우면 될 때까지 하더라고요.

목적	목표
마지막에 도달하고 싶은 지향점 reaching the goal at the end	목적을 이루기 위해 구체적으로 정해 놓은 한계나 기준 setting specific limits or criteria to achieve a goal

'목적', '목표'를 사용해서 문장을 만들어 보세요.

[정답] 1. 목적 2. 목적이었 3. 목적은 4. 목표를

048 몰두하다 vs 몰입하다

일에 □□한 사람

드라마에 □□한 사람

하루 종일 방 안에서 책 읽기에 몰두했다/몰입했다.

'몰두하다'와 '몰입하다'는 다른 일에 관심을 갖지 않고 한 가지 일에만 집중하는 것을 나타내지만 뉘앙스에서 차이가 있어요.

'몰두하다'는 보통 사업, 학문, 연구 등을 목적으로 **당위성이 있거나 중요한 일**을 하기 위해 어떤 행동에 집중해서 열심히 한다는 것에 초점이 있어요. 한편 '몰입하다'는 시간이 가는 줄 모르고 어떤 일에 깊게 빠져든다는 것에 초점이 있어서 **즐거움을 느끼거나 재미에 빠져 할 수 있는 관심사** 등에 대해 말할 때 주로 사용해요.

예

① <**몰입**의 즐거움>을 읽고 감상문을 써야 해서 주말 내내 독서에 **몰두했다**.

② 김 본부장은 이번 사업의 사활이 걸려 있는 프로젝트에 **몰두했다**.

③ 아이는 핸드폰 게임에 **몰입해서** 밥 먹는 것조차 잊어 버렸다.

④ 현우 씨는 좋아하는 가수의 노래가 나오자, 음악에 완전히 **몰입했다**.

확인문제

1. A: 오늘 영화가 정말 재미있어서 완전히 (몰두해서/몰입해서) 봤어.

   B: 응, 진짜 두 시간이 20분 같더라.

2. A: 네가 지금 노는 것처럼 그렇게 학교 공부에 (몰두했으면/몰입했으면) S대에 가고도 남았겠다.

   B: 짧은 인생, 행복하게 사는 게 중요하지. 안 그래?

3. A: 쟤는 무슨 일에 저렇게 (몰두해/몰입해) 있어?

   B: 몰라. 방해하지 말래.

4. A: 영화나 드라마에 빠져 본 적이 있어요?

   B: 그럼요. 대학생 때 미드에 빠져 살았어요. 어떨 때는 주인공한테 완전히 (몰두해서/몰입해서) 제가 그 사람인 줄 알았다니까요.

어떤 일에 깊게 빠져 집중하는 상태를 나타낼 때 사용할 수 있는 단어로는 '탐닉하다'도 있어요. '몰두하다'와 '몰입하다'가 주로 긍정적인 문맥에서 사용되는 것과는 달리, '탐닉하다'는 부정적인 상황에 빠지는 것을 나타내요. '술, 노름, 유흥'처럼 오랜 시간에 걸쳐 중독적인 쾌락에 빠지는 것에 대해 말할 때 사용할 수 있어요.

예 ① 오랫동안 도박에 탐닉한 결과, 그는 모든 재산을 탕진하고 말았다.

② 술과 여자에 탐닉하다 보면 결국 패가망신을 당할 수밖에 없다.

<table>
<tr><th>몰두하다</th><th>몰입하다</th></tr>
<tr><td colspan="2">한 가지 일에만 집중함
paying full attention to just one thing</td></tr>
<tr><td>당위성이 있거나
중요한 일
matters of necessity or importance</td><td>즐거움을 느끼거나
재미에 빠져 할 수 있는 관심사
interests that bring joy or engage in fun</td></tr>
</table>

'몰두하다', '몰입하다'를 사용해서 문장을 만들어 보세요.

[정답] 1. 몰입해서 2. 몰두했으면 3. 몰두해/몰입해 4. 몰입해서

049 몰래 vs 슬쩍

여자친구 가방에 선물을 몰래/슬쩍 넣어두었다.

두 단어는 모두 다른 사람이 모르게 가만히 무엇을 한다는 점에서는 같은 의미로 사용할 수 있기 때문에, 어떤 행동에 대해서 이야기할 때는 '몰래'와 '슬쩍'을 바꿔서 쓸 수도 있고 한 문장 안에서 같이 사용할 수도 있어요.

그러나 '몰래'는 **몰랐으면 하는 대상이 있거나 그 누구도 알지 못하게 행동한다는 것에 초점**이 있어서 엄마 몰래, 아빠 몰래처럼 'OO 몰래'의 형태로 많이 사용해요. 반면에 '슬쩍'은 다른 사람이 몰랐으면 하는 마음이 있어서 **남의 눈을 피하여 재빨리 또는 크지 않게 그 행동을 한다는 것에 초점**이 있어요. 또한 '슬쩍'은 어떤 행동을 할 때 힘들이지 않고 가볍게 하거나 표가 나지 않게 넌지시 한다는 의미도 있어요.

예

① 남의 집 앞에 **몰래/슬쩍** 쓰레기를 버리는 얌체 같은 사람이 있다.

② 현우는 부모님 **몰래 슬쩍** 집에서 나갔다.

③ 20대 때는 생활이 힘들어서 아무도 **몰래** 울 때가 종종 있었다.

④ 그 여자는 고개를 **슬쩍** 돌려서 나를 보더니 걸음이 빨라졌다.

⑤ 시연이는 유나의 생각을 **슬쩍** 떠봤다.

확인문제

1. A: 아내 (몰래/슬쩍) 비상금을 숨겼는데, 들켜버렸어.

   B: 으이구, 어디 뒀었는데?

2. A: 저렇게 노트북을 두고 자리를 비웠다가 누가 (몰래/슬쩍) 가져가기라도 하면 어떡해요?

   B: 그럴리가요. 보는 사람이 이렇게 많은데요.

3. A: 다치셨어요?

   B: 설거지할 때 (몰래/슬쩍) 칼에 스쳤다고 생각했는데 이렇게 됐네요.

1. '슬쩍'과 비슷한 단어로 '살짝'이 있어요. 둘은 의미는 같지만 느낌에 차이가 있는데 '슬쩍'보다 '살짝'이 조금 더 작고 귀여운 느낌이 있어요.

2. '몰래', '슬쩍'과 비슷한 단어로 '은근슬쩍'도 있어요. '은근슬쩍'은 '드러나지 않고 은밀하게 슬쩍'이라는 의미로 행동뿐만 아니라 감정적인 느낌까지 나타낼 수 있어요.

예 ① 온라인 회의를 하고 있는데 아이가 살짝 문을 열어봤다.

② 에릭이 나에게만 살짝 알려준다고 하면서 비밀을 말해 줬다.

③ 현우는 조이의 손을 은근슬쩍 잡았다.

④ 유나는 새 가방을 보여주며 은근슬쩍 자랑했다.

몰래	슬쩍
다른 사람 모르게 가만히 어떤 행동을 함 act quietly without anyone noticing	
몰랐으면 하는 대상이 있거나 그 누구도 모르게 행동 (대상에 초점) act in a way that is unnoticed by a specific person (focus is on the target)	남의 눈을 피하여 재빨리 크지 않게 행동 (행동에 초점) act quickly and discreetly to avoid attention (focus is on the action)

'몰래, '슬쩍'을 사용해서 문장을 만들어 보세요.

[정답] 1. 몰래 2. 몰래/슬쩍 3. 슬쩍

050 무너지다 vs 부서지다

지진으로 인해 많은 건물들이 무너졌다/부서졌다.

두 단어 모두 어떤 대상이 원상태의 모습을 유지하지 못하고 그 모양이나 상태가 망가지거나 파손되는 것을 나타내요. '무너지다'는 쌓여 있거나 서 있는 것이 허물어져 내려앉는다는 의미를 가지고 있어서 **높이 올라간 것이 아래로 주저앉는 모습**을 나타내요. 한편 '부서지다'는 단단한 물건이 사용할 수 없을 정도로 깨진다는 의미로 **작은 조각으로 나누어지거나 산산이 흩어지는 모습**을 나타내요.

위의 의미 외에도 '무너지다'에는 **질서, 제도, 체제, 계획, 마음, 기대** 등과 같이 무형의 것이 파괴된다는 의미도 있고, '부서지다'에는 **액체나 빛** 등이 깨져서 흩어진다는 의미도 있어요.

예

① 지진으로 집과 다리가 **무너져서/부서져서** 인명피해가 발생했다.

② 힘들여 쌓은 모래성이 동생의 발길질에 다 **무너져** 버렸다.

③ 의자가 **부서져서** 앉을 수 없었다.

④ 당연한 것으로 생각했던 사회적 가치와 규범, 도덕이 **무너지고** 있다.

⑤ 이별 통보를 받고 가슴이 **무너지는** 것 같았다.

⑥ 햇살이 나뭇가지 사이에서 **부서진다**.

확인문제

1. A: 침대에서 먹지 말라고 했지? 과자가 다 (무너져서/부서져서) 이게 뭐야?

   B: 죄송해요. 바로 치울게요.

2. A: 이번 태풍 때문에 제주도 우리 집 돌담이 (무너졌대/부서졌대).

   B: 정말? 그렇게 태풍이 심했다고? 다친 사람은 없대?

3. A: 파도가 밀려왔다가 (무너지는/부서지는) 게 너무 예쁘지 않냐?

   B: 너, 보기보다 감성적이다?

물건의 모양이나 상태가 망가지거나 파손되는 것을 나타내는 단어로 '부러지다'와 '깨지다'도 있어요. '부러지다'는 딱딱하고 긴 물체가 끊어져서 나뉘는 것을 말하고, '깨지다'는 플라스틱이나 유리 같은 단단한 것이 여러 조각으로 떨어져 나가는 것을 말해요.

부러지다

깨지다

무너지다	부서지다
원래의 모양을 유지하지 못하고 망가짐 losing its original shape and becoming damaged	
높이 올라간 것이 주저앉음 something tall or built up falls down or collapses	조각조각으로 흩어짐 breaking into many small pieces
질서, 제도, 체제, 계획, 마음, 기대 used for rules, systems, plans, feelings, or expectations can also collapse	액체나 빛 used for things like liquid or light when they scatter or break apart

'무너지다', '부서지다'를 사용해서 문장을 만들어 보세요.

[정답] 1. 부서져서 2. 무너졌대 3. 부서지는

051 민감하다 vs 예민하다

나는 계절의 변화에 민감하다/예민하다.

위의 문장과 같이 두 단어는 모두 어떤 감각이나 자극에 대한 반응이 빠르고, 작은 자극에도 크게 영향을 받는 것을 나타내요. 하지만 '민감하다'는 주로 **신체적, 감각적으로 빠르게 반응하는 경우를 강조**할 때 많이 사용하고, 유행, 정치, 종교 등의 상황에 쉽게 영향을 받을 때도 사용할 수 있어요.

한편 '예민하다'는 **감정이나 정서적인 반응을 강조**할 때 사용하고, **성격**을 나타낼 때도 사용할 수 있어요. 어떤 자극에 대해 감정적으로 지나치게 반응하거나 쉽게 상처받는다는 의미가 있기 때문에 성격에 대해 말할 때는 **부정적**인 느낌이 강해요.

예

① 피부가 **민감한/예민한** 편이라면 새 화장품을 사용할 때 조심해야 한다.

② 우리 아이는 냄새에 **민감해서** 향수 냄새를 금방 알아챈다.

③ '트민남'은 '트렌드에 **민감한** 남자'를 뜻하는 신조어예요.

④ 요즘 언니는 중요한 시험을 앞두고 있어서인지 작은 일에도 **예민하다**.

⑤ 남편은 **예민한** 사람이라서 옆에서 조금만 몸을 뒤척여도 잠에서 깨곤 한다.

확인문제

1. A: 이거 한번 입어 보세요. 잘 어울리실 것 같은데요.

   B: 제가 이런 털 니트를 입으면 몸이 가렵더라고요. 피부가 좀 (민감한/예민한) 편이라서요.

2. A: 우리 오빠는 성격이 (민감해서/예민해서) 진짜 작은 소리도 금방 알아차려요.

   B: 너무 피곤하겠어요.

3. A: 사람들이 수군거리는 게 다 내 얘기를 하는 것 같아.

   B: 응? 주위 상황에 너무 (민감하게/예민하게) 반응하는 거 아니야?

4. A: 이사한 집은 어때? 마음에 들어?

   B: 집은 마음에 드는데 아랫집 사람이 소음에 (민감한지/예민한지) 자꾸 조용히 해 달라고 연락을 해서 힘들어. 우리 집 TV 소리까지 다 들린대.

성격에 대해 이야기할 때 '예민하다'의 의미를 갖지만 긍정적인 느낌으로 말할 때는 '세심하다'를 사용해요. '세심하다'에는 상대방에게 주의를 기울여 배려하고 꼼꼼하게 잘 챙겨준다는 의미가 있어요.

예 ① 그 의사 선생님은 환자들을 세심하게 잘 살핀다.

② 어린 아이들은 항상 어른들의 세심한 관심이 필요하다.

민감하다	예민하다
감각이나 자극에 대한 반응이 빠르고 크게 영향을 받음 reacting quickly and strongly to stimuli like sound, light, or emotions	
신체적·감각적 반응 physical or sensory response	감정적·정서적 반응 emotional or mental response 성격 - 부정적 느낌 character - negative feeling

'민감하다', '예민하다'를 사용해서 문장을 만들어 보세요.

[정답] 1. 민감한/예민한 2. 예민해서 3. 예민하게 4. 예민한지

052 바라다 vs 원하다 vs 희망하다

모든 부모는 자식의 성공과 행복을 바란다/원한다/희망한다.

이 단어들은 모두 생각대로 어떤 일이 이루어졌으면 한다는 의미가 있어요. 의미가 거의 같아서 뉘앙스의 차이를 설명하기 어려울 정도로 비슷한 단어들이에요.

'바라다'는 이루이졌으면 하는 것에 대한 **간절함**이 담겨 있이시 좀 디 **감정적**인 느낌이 강해요. '원하다'는 '바라다'보다 **일상적인 상황**에서 **구체적**으로 가지고 싶은 대상이 있거나 하고자 하는 일이 있을 때 사용하며 좀 더 **적극적**인 느낌이 있어요. '희망하다'는 '바라다'와 비슷하지만 **미래에 대한 긍정적인 기대**를 나타내기 때문에 **사회적, 공식적인 상황**에 대해서 말할 때 주로 사용하며, 보다 더 **격식적이고 문학적**인 느낌이 있어요.

한편, '바라다'는 여러 사람을 대상으로 안내를 하거나 공지를 할 때처럼 사회적인 요구가 필요할 때 '-기 바랍니다'와 같은 관용적인 형태로 사용하는 경우가 많아요.

예

① 하루빨리 전쟁이 끝나기를 **바랍니다/원합니다/희망합니다.**

② 부모들은 모두 아이가 건강하게 잘 자라기를 **바란다/희망한다.**

③ 내 목소리를 **원하는** 사람이 단 한 명이라도 있다면 계속 노래하고 싶다.

④ 대회 참가를 **희망하시는** 분은 참가 신청서를 제출해 주십시오.

⑤ 앞쪽부터 차례로 내려 주시기 **바랍니다.**

확인문제

1. A: 부모님이 (바라는/원하는/희망하는) 대로 의대에 왔는데, 공부가 어렵기만 하고 재미가 없어.

B: 부모님보다 본인의 생각이 제일 중요하지 않을까?

2. A: 너 요즘 왜 그래? 도대체 네가 진짜 (바라는/원하는/희망하는) 게 뭐야?

B: 제가 진짜 하고 싶은 건요…

3. A: 화장실에서 핸드폰을 분실하신 분은 안내데스크로 와 주시기를 (바랍니다/원합니다/희망합니다). 다시 한번 말씀드립니다.

B: 어? 내 핸드폰!!!

4. A: 뭐 먹을까?

B: 오늘은 네가 (바라는/원하는/희망하는) 걸로 먹자. 뭐 먹고 싶어?

바라다	원하다	희망하다
생각대로 어떤 일이 이루어졌으면 함 hoping things turn out as expected		
간절함, 감정적 strong feeling and deep desire	일상적, 구체적, 적극적 used in daily life to express clear and direct wants	미래에 대한 긍정적 기대 positive expectations for the future 격식적, 문학적 used in formal and literary contexts

'바라다', '원하다', '희망하다'를 사용해서 문장을 만들어 보세요.

[정답] 1. 바라는/원하는/희망하는 2. 원하는 3. 바랍니다 4. 원하는

053 반짝거리다 vs 화려하다

반짝거리는 어선들의 불빛 덕에 밤바다의 풍경이 화려하다.

위의 문장에서처럼 두 단어 모두 밝은 불빛을 묘사할 때 사용할 수 있어요. '반짝거리다'는 **빛이 잇따라 잠깐 빛났다가 사라졌다가 하는 모습**을 나타내고, 이런 상황에서 **환하게 빛나는 것이 보기 좋고 아름답다**는 의미를 나타낼 때는 '화려하다'를 사용해요.

한편, '화려하다'는 위의 의미 외에도 **옷차림이나 조명**이 눈이 부시게 아름답고 보기 좋을 때, **어떤 행동, 일, 업적** 등이 뛰어나게 좋을 때, **생활**이 부러움을 살만큼 호화로울 때도 사용할 수 있어요.

예

① **반짝거리는** 반딧불이를 본 적이 있는데 믿을 수 없을 만큼 신기했다.

② 나는 나뭇잎 사이로 **반짝거리는** 햇살을 보면서 숲길을 걷는 것이 좋다.

③ 겨울에는 밤이 길어서인지 여러 지역에서 **화려한** 빛 축제가 열린다.

④ 활기찬 파티 분위기에 맞게 **화려하게** 차려입은 사람들이 많았다.

⑤ 이번 신입사원 모집에는 깜짝 놀랄 만큼 **화려한** 경력을 가진 사람들이 많이 지원했다.

확인문제

1. A: 네 목걸이 너무 예쁘다!

   B: 그래? 평범한 건데 조명 때문에 (반짝거려서/화려해서) 예뻐 보이나 봐.

2. A: (반짝거리는/화려한) 삶을 사는 배우인데 우울증이라니 놀랍다.

   B: 겉으로 보이는 것과 실제는 다르니까.

3. A: 이런 작은 동네도 네온사인이 이렇게 (반짝거릴/화려할) 줄 몰랐어.

   B: 그럼, 도시니까 어디를 가나 똑같지.

4. A: 이 정도의 스펙이라면 합격 아니야?

   B: 음… 그렇긴 한데 (반짝거리는/화려한) 경력보다는 실제 실력이 더 중요하니까.

반짝거리다	화려하다
밝은 불빛을 묘사 emitting bright light	
잇달아 빛났다가 사라졌다가 함 blinking on and off	환하게 빛나는 것이 보기 좋고 아름다움 shining brightly in a beautiful or impressive way 옷차림, 조명, 뛰어난 업적, 호화로운 생활 used for clothing, lighting, outstanding achievements, or a luxurious lifestyle

'반짝거리다', '화려하다'를 사용해서 문장을 만들어 보세요.

[정답] 1. 반짝거려서 2. 화려한 3. 반짝거릴/화려할 4. 화려한

054 발달하다 vs 발전하다

과학과 기술이 발달해서/발전해서 생활이 보다 편리해졌다.

'발달하다'와 '발전하다'는 모두 기술, 산업, 경제, 학문 등이 이전 상태에서 변화하여 이전보다 나아지거나 향상되는 것을 뜻해요.

위의 의미 외에도 '발달하다'는 주로 **생물학적, 사회적, 심리적 측면에서의 성장이나 성숙함을 강조**하기 때문에 **신체, 지능, 정서의 성장**이 높은 수준의 상태에 이름을 나타낼 때 사용해요. 반면에 '발전하다'는 **구체적인 목표를 지향하여 더 나은 상태나 높은 단계로 나아가는 과정에 중점을 둘 때, 어떤 상황이나 사태가 점점 확대되는 방향으로 나아갈 때** 사용해요.

예

① 의학이 **발달해서/발전해서** 많은 질병을 예방할 수 있게 되었다.

② 지난 몇 년간 기술이 크게 **발달하여/발전하여** A사의 경쟁력이 높아졌다.

③ 아기의 언어 능력은 부모와 꾸준히 소통하면서 **발달한다**.

④ 한국 사회가 **발전하려면** 다양한 분야에서 협력이 필요하다.

⑤ 아이들의 싸움이 부모들 간의 법적 분쟁으로 **발전했다**.

확인문제

1. A: 최근 몇 년 동안 크게 (발달한/발전한) 분야에는 어떤 것이 있을까요?

   B: 저는 대표적인 분야가 의료 기술이라고 생각합니다.

2. A: 아이의 정서가 (발달하는/발전하는) 데에는 책을 읽어 주는 것이 도움이 된대.

   B: 그렇구나. 혹시 추천할 만한 책 있어?

3. A: 인공 지능이 (발달하고/발전하고) 있는 것을 보면 너무 놀라워요.

   B: 맞아요. 상상 속에서만 생각하던 세상을 직접 경험하고 있으니까요.

4. A: 부장님이 회사를 그만뒀다는데 혹시 이유 알아요?

   B: 네. 처음에는 별거 아닌 실수인 줄 알았는데 횡령 문제로까지 (발달해서/발전해서) 책임을 져야 했나 봐요.

발달하다	발전하다
이전보다 나아지거나 향상됨 (기술, 산업, 경제, 학문 등) becoming better than before in areas such as technology, industry, economy, or knowledge	
생물학적, 사회적, 심리적 측면에서의 성장을 강조함 (신체, 지능, 정서 등) emphasizing growth in biological, social, and psychological aspects, such as physical, intellectual, and emotional development	구체적인 목표를 지향하여 더 나은 상태나 높은 단계로 변화함 changing toward a better state or higher level with a focus on specific goals 어떤 상황이나 사태가 점점 확대됨 a situation gradually grows or spreads over time

'발달하다', '발전하다'를 사용해서 문장을 만들어 보세요.

[정답] 1. 발달한/발전한 2. 발달하는 3. 발달하고/발전하고 4. 발전해서

055 밝다 vs 환하다

창문 밖이 너무 밝아서/환해서 잠을 자기 어렵다.

위의 문장에서처럼 '밝다'와 '환하다'는 둘 다 빛이 많이 나거나 어둡지 않은 상태를 나타내는 단어지만 약간의 뉘앙스 차이가 있어요.

'밝다'는 주로 **시각적으로 느낄 수 있는 빛의 강도나 절대적인 밝기**를 나타내요. 반면에 '환하다'는 **공간적으로 빛이 가득 차 풍부한 상태를 나타내는데 주로 부드럽고 따뜻한 기분 좋은 느낌**을 나타낼 때사용해요.

한편, 이 단어들은 표정이나 분위기, 색깔 등을 나타낼 때도 사용할 수 있어요.

예

① 해가 잘 들어서 그런지 방이 아주 **밝다/환하다**.

② 어머니에게 대학 합격 소식을 전하는 아들의 표정이 **밝았다/환했다**.

③ 유나 씨가 오면 항상 사무실 분위기가 **밝아진다/환해진다**.

④ 이 바지에는 **밝은/환한** 색깔의 티셔츠가 잘 어울릴 것 같다.

확인문제

1. [부동산에서]

A: 어떤 방을 찾으세요?

B: 월세가 좀 비싸도 (밝은/환한) 방이었으면 좋겠어요.

2. A: 오늘 슈퍼 문이 뜬다고 하더니 정말 달이 (밝네/환하네).

B: 그러게. 그림 같다.

3. A: 테이블 위에 꽃을 꽂아 두면 분위기가 한층 더 (밝을/환할) 것 같아요.

B: 그럼, 제가 가서 꽃을 좀 사 올게요.

4. A: 뭔가 집 분위기가 바뀐 것 같아요.

B: 얼마 전에 더 (밝은/환한) 걸로 페인트를 새로 칠했어요. 산뜻하지요?

밝다	환하다
빛이 많이 나거나 어둡지 않은 상태 + 표정, 분위기, 색깔 a state of being bright or not dark + facial expression, atmosphere, color	
절대적인 밝기 absolute brightness	빛이 풍부한 상태나 느낌 a state or feeling of abundant light

'밝다', '환하다'를 사용해서 문장을 만들어 보세요.

[정답] 1. 밝은/환한 2. 밝네/환하네 3. 밝을/환할 4. 밝은/환한

056 방지하다 vs 예방하다

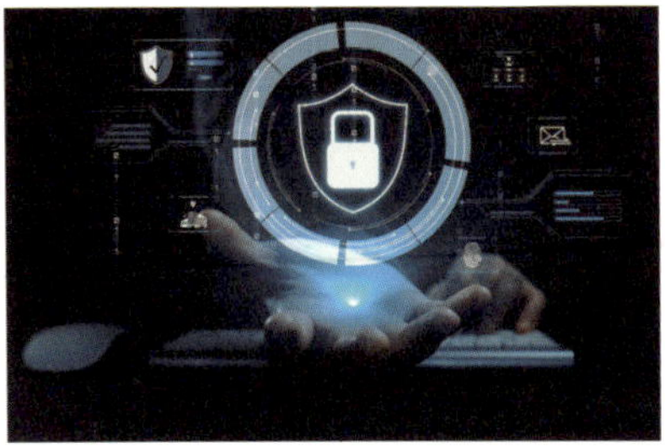

공사 현장에서는 사고를 방지하기/예방하기 위해 항상 주의해야 한다.

이 단어들은 모두 어떤 안 좋은 일이 일어나지 못하게 막는다는 의미를 가지고 있어요. 의미는 비슷하지만 약간의 뉘앙스 차이가 있는데 '방지하다'는 **어떤 사고나 재해 등이 일어나지 못하게 '막는다'는 데에 초점**이 있어요.

반면에 '예방하다'는 **일어날 가능성이 높다고 예상되는 일에 대해 '미리 대책을 마련하여 막는다'는 데에 초점**이 있기 때문에 **예측 가능한 사고 및 질병**의 경우에는 '예방하다'를 사용하는 경우가 훨씬 더 많아요.

예

① 보행자 교통사고를 **방지하려고/예방하려고** 횡단보도를 노란색으로 바꾸고 있다.

② 데이터 손실을 **방지하려면** 백업시스템을 구축해야 한다.

③ 핵 확산을 **방지하기** 위해 세계 여러 나라가 협력하고 있다.

④ 정부는 올여름 전력난을 미리 **예방하기** 위해서 대책을 마련하고 있다.

⑤ 꼼꼼한 양치질은 충치를 **예방하는** 데에 가장 효과적인 방법이다.

확인문제

1. A: 요즘 아이들 사이에 눈병이 유행이래요.

   B: 그래요? 눈병은 (예방할/방지할) 방법도 없을 텐데, 손을 더 깨끗이 씻으라고 해야겠네요.

2. A: 층간 소음 때문에 매일매일이 전쟁이에요. 아랫집에서 너무 자주 연락이 와요.

   B: 소음을 (방지하는/예방하는) 매트나 슬리퍼 같은 걸 사용해 보는 게 어때요?

3. A: 산불을 (방지하기/예방하기) 위한 좋은 아이디어가 없습니까?

   B: 인식 개선을 위한 캠페인을 하는 건 어떨까요?

4. A: 엄마, 가뜩이나 늦었는데 좀 빨리 갈 수 없어요?

   B: 여기 학교 앞이야. 요즘 학교 앞은 과속을 (방지하려고/예방하려고) 시속 30킬로로 제한하잖아.

방지하다	예방하다
안 좋은 일이 일어나지 못하게 막음 preventing something bad from happening	
사고나 재해가 일어나지 않게 막음 preventing accidents or disasters	예측 가능성이 높은 사고나 재해, 질병에 대해 미리 대책을 마련함 taking precautions against foreseeable accidents, disasters, or diseases

'방지하다', '예방하다'를 사용해서 문장을 만들어 보세요.

[정답] 1. 예방할 2. 방지하는 3. 방지하기/예방하기 4. 방지하려고

057 버릇 vs 습관

건강을 위해 야식을 먹는 버릇/습관을 고쳐야 하는데 정말 쉽지 않다.

위의 문장에서처럼 '버릇'과 '습관'은 어떤 행동을 오랫동안 반복하는 과정에서 저절로 몸에 익어 버린 성질이나 행동 방식을 나타낼 때는 같은 의미로 사용할 수 있어요.
하지만 '버릇'은 일반적으로 어떤 상황에서 하는 **무의식적인 행동으로 고치거나 조심해야 하는 것**을 나타내기 때문에 주로 **부정적인 의미**로 쓰일 때가 더 많은데 '말버릇, 손버릇, 잠버릇' 등과 같이 관용적 표현으로 사용될 때가 많아요.
이와 달리 '습관'은 오랫동안 **학습한 행위가 되풀이되어 생기는, 비교적 고정된 행동 방식**을 나타내요. 꾸준한 노력을 통해 학습되었다는 점에서 습관은 주로 **긍정적인 의미**로 사용해요. 또 '독서 습관, 생활 습관, 식습관, 소비 습관' 등과 같이 한자 단어와 함께 관용적 형태로 사용하는 경우가 많아요.
한편, '버릇'은 앞에서 말한 의미 외에도 '윗사람에 대해 지켜야 할 예의'라는 뜻도 있어요.

예

① 에릭은 불안할 때 손톱을 물어뜯는 **버릇/습관**이 있다.

② 시연이는 웃을 때 옆 사람을 치는 **버릇**이 있다.

③ 우리 아들은 **잠버릇**이 고약해서 아침에 일어나면 발이 내 코 앞에 와 있다.

④ 규칙적으로 운동하는 **습관**은 건강에 도움을 준다.

⑤ 자극적인 음식을 즐겨 먹는 **식습관**은 여러 성인병의 원인이 된다.

⑥ 한국에서는 어른 앞에서 담배를 피우면 **버릇**이 없다고 생각한다.

확인문제

1. A: 아얏! 왜 때려요?

   B: 다리 떠는 이 (버릇/습관)을 아직도 못 고쳤어?

2. A: 우리 할머니는 절약하는 (버릇/습관)이 몸에 배어 있어서 한여름에도 에어컨을 안 트셔.

   B: 이렇게 더운데도?

3. A: 아버님, 아이가 잘못할 때는 혼을 내셔야 해요. 그렇게 오냐오냐만 하시면 (버릇/습관) 없는 아이가 될 수도 있어요.

   B: 허허허, 알았다.

4. A: 와, 무슨 일정이 이렇게 빽빽해요?

   B: 중요하지 않은 것도 많은데, 어렸을 때부터 잘 기억하기 위해 모든 일정을 메모하는 (버릇/습관)이 있어서요.

버릇	습관
오랫동안 반복해서 저절로 몸에 익어 버린 성질이나 행동 방식 the nature or behavior that has become ingrained in the body through long repetition	
무의식적인 행동으로 고치거나 조심해야 하는 것 correcting or avoiding unconscious behavior 주로 부정적 used primarily in a negative context	학습된 행위가 되풀이되어 생기는, 비교적 고정된 행동 방식 a repeated learned behavior that becomes a fixed pattern 주로 긍정적 used primarily in a positive context

'버릇', '습관'을 사용해서 문장을 만들어 보세요.

[정답] 1. 버릇/습관 2. 습관 3. 버릇 4. 버릇/습관

058 변명 vs 핑계

그 사람의 변명이/핑계가 이젠 너무 지겹다.

이 단어들은 모두 잘못이나 실수에 대해서 비난을 피하려고 이런저런 이유를 대며 돌려 말하는 것을 뜻해요.

'변명'은 **잘못이나 실수를 했을 때 남에게 이해나 용서를 구하는 상황**에서 사용하고, '핑계'는 그런 상황에서뿐만 아니라 **어떤 일이나 생각을 옳은 것처럼 보이기 위해** 말하거나, **하고 싶지 않은 일을 피하거나 사실을 감추고 싶을 때**도 사용해요.

예

① **변명/핑계** 같지만, 그건 정말 실수였습니다.

② 그 사람은 자기의 잘못을 깨끗하게 인정하고 더 이상 **변명**을 하지 않았다.

③ 정부는 국민들의 건강을 위한다는 **핑계**로 담배 소비세를 대폭 인상했다.

④ 요즘 대부분의 사람들은 이런저런 **핑계**를 대면서 힘든 일은 피하려고 한다.

⑤ 코로나에 걸렸다는 **핑계**로 이번 명절에는 고향에 내려가지 않았다.

확인문제

1. A: 집안일 좀 같이하자!

   B: 나, 너무 피곤해.

   A: 너, 항상 피곤하다는 (변명으로/핑계로) 정말 너무 하는 거 아니야?

2. A: 오늘 부장님이 엄청나게 화를 내셨는데 과장님은 어떤 (변명/핑계)도 없이 실수를 인정하시더라고요.

   B: 그러게요. 저라면 뭐라도 구구절절 말했을 텐데요.

3. A: 똑같은 상황이 계속 생기니까 이제는 네가 하는 말이 다 (변명/핑계)처럼 들려.

   B: 내가 정말 입이 열 개라도 할 말이 없다.

4. A: 또 운동 안 갔지?

   B: 어, 오늘은 비가 온다는 (변명으로/핑계로) 그냥 집에 있었어.

변명	핑계
잘못이나 실수를 했을 때 비난을 피하려고 이런저런 이유를 대며 돌려 말함 avoiding blame by making excuses or speaking indirectly after a mistake	
남에게 이해나 용서를 구하는 상황 seeking understanding or forgiveness from others	옳은 것처럼 보이기 위해, 회피하거나 사실을 감추고 싶을 때 trying to appear right, avoid responsibility or hide the truth

'변명', '핑계'를 사용해서 문장을 만들어 보세요.

[정답] 1. 핑계로 2. 변명 3. 변명/핑계 4. 핑계로

059 변하다 vs 변화하다

지구온난화로 인해 세계의 기후는 변하고/변화하고 있다.

위의 문장에서처럼 '변하다'와 '변화하다'는 모두 어떤 것의 성질, 모양, 상태 따위가 바뀌어 달라진다는 의미를 갖고 있어요. 두 단어는 거의 비슷하게 사용되는데 **사람의 속성이 이전과 달라지거나 어떤 것이 본질적으로 가지고 있는 속성이 다른 것으로 바뀔 때**는 주로 '변하다'를 사용해요. '변하다'는 **일반적이고 가벼운 것에 대해 말할 때** 사용하는데 주로 상태가 바뀐 **결과**적인 모습에 초점이 있어요.

한편, '변화하다'는 '변하다'에 비해 **규모가 더 크거나 공식적인 것에 대해 말할 때** 사용하고 주로 상태가 바뀌고 있는 **과정**을 강조하는 느낌이 있어요.

예

① 전쟁으로 인해 세계 정세가 급속도로 **변하고/변화하고** 있다.

② 오후가 돼서 눈이 비로 **변했다**.

③ 피부가 놀라울 정도로 깨끗하게 **변했다**.

④ 나이가 드니 외모뿐만 아니라 성격이나 입맛까지 **변한** 것 같다.

⑤ 과학 기술이 **변화하는** 속도에 따라가지 못하겠다.

확인문제

1. A: 정말 오랜만이다. 어떻게 하나도 안 (변했니/변화했니)?

B: 그럴 리는 없겠지만 빈말이라도 듣기는 좋네.

2. [회의에서]

A: 소비자들의 구매 트렌드가 (변하고/변화하고) 있다는 조사 결과입니다.

B: 연령대별로 분류해서 마케팅 부서에 자료를 갖다 주세요.

3. [어린이집에서]

A: 오늘 읽어 줄 이야기는 '개구리 왕자'예요.

B: 에이, 그거 읽어 봤는데, 개구리가 어떻게 왕자로 (변해요/변화해요)? 말도 안돼요!

4. [뉴스]

앵커: (변하는/변화하는) 추석 풍경이 낯설게 느껴집니다. 명절을 맞아 고향에 내려가는 대신 해외여행을 가려는 사람들로 공항이 붐빈다고 합니다.

변하다	변화하다
성질, 모양, 상태 따위가 바뀌어 달라짐 a change or transformation in nature, form, or condition	
사람/사물의 속성이 바뀜 a change in the attributes or characteristics of a person or thing	
일반적이고 가벼운 것 something general and light	규모가 크거나 공식적인 것 something large-scale or formal
결과에 초점 focus on the result	과정에 초점 focus on the process

'변하다', '변화하다'를 사용해서 문장을 만들어 보세요.

[정답] 1. 변했니 2. 변화하고 3. 변해요 4. 변화하는

060 보내다 vs 지내다

방학 내내 집에서 드라마를 보면서 보냈다/지냈다.

'보내다'와 '지내다'는 둘 다 시간의 경과를 설명할 수 있지만, 각각의 뉘앙스와 사용할 수 있는 상황은 달라요.

'보내다'는 **일정한 시간 동안 생활**한다는 의미로 시간의 경과를 강조하기 때문에 '시간을 보내다', '주말을 보내다', '휴가를 보내다'와 같이 **시간을 나타내는 단어와 함께 사용**할 때가 많아요. 한편 '지내다'는 시간을 보낸다는 의미도 있지만 **'어떻게, 어떤 상태로 생활하고 있음'을 나타내거나 그 상태를 지속적으로 유지하는 것을 강조**해서 말할 때 사용해요.

예

① 연휴 동안 아무 데도 안 나가고 집에서만 **보냈다/지냈다**.

② 이번 방학에는 아이와 되도록 많은 시간을 **보내기로** 했다.

③ 일주일 내내 소파에 누워 핸드폰만 보면서 휴가를 **보냈다**.

④ 해외에서 꽤 오랫동안 혼자 **지내면서** 독립심이 생겼다.

⑤ 요즘 프로젝트 때문에 집에도 못 가고 회사에서 정신없이 **지내고** 있다.

확인문제

1. A: 딸이 유학 갔다면서요? 홈스테이해요?

   B: 아니요. 기숙사에서 (보내고/지내고) 있어요.

2. A: 여름 방학 동안 뭐 할 거야?

   B: 글쎄. 시골 할머니 집에서 며칠 (보낼까/지낼까) 해.

3. A: 잘 지내? 서울 생활은 어때?

   B: 엄마, 바쁘지만 학교 다니면서 잘 (보내고/지내고) 있어요. 이번 주에는 서울 여기저기를 구경하면서 주말을 (보낼/지낼) 거예요.

4. [고향으로 떠나는 친구를 배웅하며]

   A: 이 앨범 속에는 네가 여기서 1년 동안 (보낸/지낸) 소중한 시간들이 담겨 있어. 고향에 돌아가서 생각나면 가끔씩 보라고 만들었어.

   B: 정말 고마워. 네 덕분에 정말 행복했어.

보내다	지내다
시간의 경과 the passage of time	
시간을 나타내는 단어와 함께 사용하여 그 시간 동안 생활함을 강조 emphasizing living through a certain period using time expressions	어떻게, 어떤 상태로 생활하고 있음 describing how or in what condition one is living 그 상태를 지속적으로 유지함 the continuous maintenance of that state

'보내다', '지내다'를 사용해서 문장을 만들어 보세요.

[정답] 1. 지내고 2. 보낼까/지낼까 3. 지내고, 보낼 4. 보낸

061 보람을 느끼다 vs 뿌듯하다

학생들이 성장한 모습을 보면 교사로서 보람을 느낀다/뿌듯하다.

위의 문장에서처럼 '보람을 느끼다'와 '뿌듯하다'는 둘 다 어떤 일을 통해 만족감이나 성취감을 느낄 때 사용하는 표현이에요.

그런데 '보람을 느끼다'는 자신이 할 수 있는 일로 **타인에게 긍정적 영향을 미쳐서 자부심을 느끼거나 만족스러울 때** 사용하고, '뿌듯하다'는 **자신이 노력한 일의 결과 때문에 스스로 만족스럽고 기쁘거나 대견한 느낌으로 가득 차 있을 때** 사용하는 경우가 많아요.

예

① 환자들이 건강을 되찾는 모습을 볼 때마다 간호사로서 **보람을 느낀다/뿌듯하다**.

② 사람을 살리는 일을 하는 사람들은 자기 직업에 **보람을 느낄** 것 같다.

③ 비록 목표를 이루지는 못했지만 진행되는 과정에서 **보람을 느꼈다**.

④ 아이한테 엄마가 만든 음식이 세상에서 제일 맛있다는 말을 듣고 **뿌듯했다**.

⑤ 유학 생활을 하면서 생기는 문제를 스스로 해결할 때마다 정말 **뿌듯하다**.

확인문제

1. A: 도서관에서 아이들한테 책을 읽어 주는 자원봉사를 했다면서?

   B: 응. 좀 힘들긴 해도 아이들이 좋아해서 (보람을 느꼈어/뿌듯했어).

2. A: 승진 축하드려요. 정말 (보람을 느끼시겠어요/뿌듯하시겠어요).

   B: 감사해요.

3. A: 경찰로 일을 한다는 것이 힘들지 않으세요?

   B: 전혀요. 시민들을 위해 일할 수 있어서 오히려 (보람을 느껴요/뿌듯해요).

4. A: 엄마, 열심히 공부한 덕분에 좋은 성적을 받아서 (보람을 느껴요/뿌듯해요).

   B: 네가 노력한 만큼 좋은 결과가 나와서 엄마도 기쁘다.

보람을 느끼다	뿌듯하다
어떤 일을 통해 만족감이나 성취감을 느낄 때 when feeling satisfaction or a sense of accomplishment through doing something	
타인에게 긍정적 영향을 줘서 by giving a positive influence to others	자신이 노력한 일의 결과로 인해서 as a result of one's own efforts

'보람을 느끼다', '뿌듯하다'를 사용해서 문장을 만들어 보세요.

[정답] 1. 보람을 느꼈어/뿌듯했어 2. 뿌듯하시겠어요 3. 보람을 느껴요 4. 뿌듯해요

062 복잡하다 vs 붐비다 vs 혼잡하다

교통사고가 나서 길이 복잡하다/붐빈다/혼잡하다.

위의 단어는 모두 여러 가지가 얽혀서 정리가 되지 않은 상태를 나타내요. 하지만 단어마다 뉘앙스의 차이가 조금 있어요. '복잡하다'는 **여러 가지 요소나 상황이 정리하기 어려울 만큼 얽혀 있는 것**을 나타내고, '붐비다'는 **어떤 공간이 좁게 느껴질 만큼 차나 사람들이 많이 모여서 움직이기 어려운 상태**를 나타내요. 또한 '혼잡하다'는 많은 사람이나 차, 물건 등이 **질서 없이 뒤섞여서 지나가기 어려울 정도로 어수선한 상태**를 나타내요.

또한 '붐비다'와 '혼잡하다'는 주로 사람과 교통에 한정해서 공간의 밀집도가 높은 정도에 대해 나타낼 때만 사용하는 반면에 '복잡하다'는 그 외에도 **어떤 일이나 그 절차, 감정 등이 갈피를 잡지 못하고 얽혀 있어서 이해하거나 처리하기 어렵다**는 뜻으로도 사용해요.

예

① 단풍철이 되면 도로는 차들로 **복잡하다/붐빈다/혼잡하다.**

② 비행기가 결항돼서 다음 표를 구하려는 사람들로 **복잡하다/붐빈다/혼잡하다.**

③ 출퇴근 시간대에는 교통이 매우 **복잡하다/혼잡하다.**

④ 이 수학 문제의 풀이법은 중학생에게는 너무 **복잡하다.**

⑤ 요즘 회사에서의 인간관계 때문에 머리가 **복잡하다.**

확인문제

1. A: 이번 주에 불꽃축제를 하잖아. 보러 갈까?

B: 어디? 여의도? 사람이 너무 많아서 엄청 (복잡할/붐빌/혼잡할) 거야. 차라리 불꽃이 잘 보이는 다른 장소를 찾아보자.

2. A: 엘라 씨, 여기 가입했어요?

B: 아니요. 가입하고 싶긴 한데 외국인들에게는 회원가입 방법이랑 절차가 너무 (복잡해요/붐벼요/혼잡해요).

3. A: 무슨 고민 있어?

B: 나 빼고 친한 친구들이 서로 싸웠는데, 중간에서 내가 어떻게 해야 할지 몰라서 마음이 (복잡해/붐벼/혼잡해).

4. A: 원래 이렇게 (복잡한/붐비는/혼잡한) 곳이에요? 평일인데 사람이 정말 많네요.

B: 그러게요.

복잡하다	붐비다	혼잡하다
여러 가지가 얽혀서 정리되지 않은 상태 a state where various things are tangled and not organized		
사람/차들로 by people or vehicles 일, 절차, 감정 used for work, procedure, emotions	사람/차들로 by people or vehicles	사람/차/물건으로 by people, vehicles or items

'복잡하다', '붐비다', '혼잡하다'를 사용해서 문장을 만들어 보세요.

[정답] 1. 복잡할/붐빌/혼잡할 2. 복잡해요 3. 복잡해 4. 복잡한/붐비는/혼잡한

063 부끄럽다 vs 창피하다

어제 회의에서 있었던 일 때문에 부끄럽다/창피하다.

두 단어는 위의 문장에서처럼 구체적인 상황을 모를 때는 바꿔서 사용할 수도 있어요. 하지만 감정을 느끼는 상황과 기준이 무엇인지에 따라 사용할 때 차이가 있어요.

'부끄럽다'는 매우 수줍은 느낌을 나타내요. 또한 개인이나 한 문화 집단의 **양심이나 윤리적 판단 기준**에 따라서 느껴지는 감정으로, 외부적인 요인보다는 **내면적인 가치에 반하는 생각이나 행동을 했을 때** 주로 사용해요. 따라서 개인적인 일뿐만 아니라 집단적인 일, 사회 문제에 대해서도 사용할 수 있어요.

한편, '창피하다'는 **체면**을 중요하게 생각하는 것에 초점이 있어서 다른 사람에게 보이는 모습 즉, **다른 사람의 시선이나 관계에서 체면이 깎이거나 떳떳하지 못할 때** 주로 사용해요. 따라서 '창피하다'뿐만 아니라 '창피를 당하다, 창피를 주다'의 형태로도 사용할 수 있어요.

예

① 누구나 숨기고 싶은 **부끄러운/창피한** 과거가 있다.

② 성공을 위해 다른 사람을 속인 내 자신이 **부끄럽다**.

③ 그에게 선물을 직접 전해 주기가 **부끄러워서** 친구한테 부탁했다.

④ 사람이 많은 버스정류장에서 넘어졌는데, 아팠지만 **창피해서** 얼른 일어났다.

⑤ 사람이 많은 엘리베이터를 탔는데 삐 소리가 나서 **창피를 당했다**.

⑥ 아무리 아이들이라도 사람들 많은 데에서 **창피를 주면** 안 된다.

확인문제

1. A: 왜 그렇게 우울한 얼굴을 하고 있어?

   B: 실수한 걸 감추기 위해 순간적으로 거짓말을 했는데, 나중에 생각하니 너무 (부끄럽더라/창피하더라).

2. A: 그렇게 입고 머리도 안 감고 어디 가? 넌 괜찮니? 엄마는 너무 (부끄러운데/창피한데). 모자라도 써.

   B: 잠깐 나가는 건데 뭘…

3. A: 엄마, 학기 첫날에 새 친구들에게 말을 거는 건 아직도 (부끄러워요/창피해요).

   B: 엄마도 어릴 때 그랬어. 친구들도 같은 마음일 거니까 먼저 말해 봐.

4. A: 저기 봐. 시연이가 현우를 좋아하나 봐. 얼굴이 빨개졌어.

   B: 그러게. 현우 앞에서 많이 (부끄러운가/창피한가) 보네.

5. A: 왜 그렇게 한숨을 쉬세요?

   B: 아휴. 우리 아들이 자꾸 싸우고 다녀서 동네 사람들한테 (부끄러워서요/창피해서요).

부끄럽다	창피하다
양심이나 윤리적 판단 기준이 중요 based on moral or ethical standards 내면적인 가치에 반할 때 when it goes against one's inner values	체면이 중요 maintaining one's reputation or social image 다른 사람의 시선이나 관계에서 in the eyes of others or in relationships with others

'부끄럽다', '창피하다'를 사용해서 문장을 만들어 보세요.

[정답] 1. 부끄럽더라 2. 창피한데 3. 부끄러워요 4. 부끄러운가 5. 창피해서요

'부끄럽다', '창피하다'와 비슷한 단어로 '민망하다'와 '쑥스럽다'가 있어요. '민망하다'와 '쑥스럽다'는 어떤 상황에서의 나의 행동이 어색하고 부끄럽다는 의미로 '부끄럽다', '창피하다'와 비교하면 '어색함'에 초점이 있어요.

1. '민망하다'는 어떤 상황에서 쑥스럽거나 미안하거나 어색함을 느껴 '얼굴을 들고 대하기가 부끄럽다'는 의미가 있어요. 따라서 주로 다른 사람과의 관계나 상대방을 의식해서 느끼는 감정에 초점이 있어요.

2. '쑥스럽다'는 익숙하지 않은 상황에서 '나의 행동이나 모습이 자연스럽지 못하거나 어울리지 않아' 어색하고 부끄럽다는 의미가 있어요. '민망하다'와는 달리 다른 사람의 시선보다 어떤 행동을 할 때 자신이 느끼는 감정에 초점이 있어요.

예 ① 그냥 먹는 걸 좋아할 뿐인데, '미식가'라는 말을 들으니 민망하다/쑥스럽다.
② 이 영화는 가족과 함께 보기 민망하다.
③ 선물이라고 준비는 했는데, 너무 별거 아니라서 건네기가 민망하다.
④ 매일 청바지만 입고 다니다가 정장을 입으려니 왠지 쑥스럽다.

<table>
<tr><th>민망하다</th><th>쑥스럽다</th></tr>
<tr><td colspan="2">행동이 어색하고 부끄러운 느낌
feeling awkward and embarrassed while behaving</td></tr>
<tr><td>수줍음 + 창피함
feeling shy and embarrassed</td><td>어색함 + 부끄러움
feeling awkward and embarrassed</td></tr>
</table>

퀴즈

※ 다음 상황에 알맞은 감정 어휘는 무엇일까요? <보기>에서 골라 보세요.

<보기> 부끄럽다 민망하다 쑥스럽다 창피하다

1. 가끔 사람들이 많은 곳에서 여러 사람에게 칭찬을 받으면 어떻게 반응을 해야 할지 모르겠다. 너무 □□□□.

2. 친구에게 밥을 사기로 한 날, 식당에서 계산을 하려고 했는데 카드 한도가 초과되어 결국 친구가 밥값을 내고 말았다. 너무 □□□□.

3. 조용한 도서관에서 큰 소리로 전화벨이 울려서 사람들이 모두 쳐다봤다. 너무 □□□□.

4. 엄마한테 혼날까 봐 동생이 그런 거라고 둘러대는 바람에 동생만 엄마에게 혼나고 말았다. 너무 □□□□.

[정답] 1. 쑥스럽다 2. 민망하다 3. 창피하다 4. 부끄럽다

064 빠르다 vs 이르다

올해는 벚꽃의 개화 시기가 평년보다 빠를/이를 것으로 보입니다.

두 단어는 모두 시간과 관계가 있는 상황에서 사용하는데 시간상 앞선다는 의미가 있어요. 하지만 '빠르다'는 **어떤 일을 처리하는 물리적인 속도에 초점**이 있어요. 또한 **어떤 일을 처리하거나 결과에 이르기까지의 시간이 예상보다 적게 걸릴 때**에도 사용해요.

반면에 '이르다'는 **일반적으로 생각하는 시점이나 기준보다 시간상 앞선다는 데에 초점**이 있어요. 이때의 시점이나 기준은 분명하지 않더라도 대부분의 사람들 사이에서 통용되는 시기를 말해요. 예를 들면 '이른 아침', '이른 시간', '이른 계절'처럼 사용할 수 있어요.

두 단어의 경우 반대말을 생각하면 의미를 이해하기 쉬운데 '빠르다'의 반대말은 '느리다'이고, '이르다'의 반대말은 '늦다'예요.

예

① 점심을 먹기에는 아직 **빠르다/이르다**.

② 무료 와이파이지만 인터넷 속도가 **빠르다**.

③ 유나 씨는 일 처리가 **빠르고** 정확하니까 같이 일하기 좋다.

④ 지훈 씨는 일을 잘해서 동기보다 승진이 1년 **빠르다**.

⑤ **이른** 아침에 운동하는 것은 힘들지만 상쾌하다.

확인문제

1. A: 택시 호출했어?

   B: 아니, 지하철로 가자. 지금 길이 막히는 시간이라서 택시보다 지하철이 훨씬 (빠를/이를) 거야.

2. A: 아유, 더워. 반팔 입기에는 아직 (빠르다고/이르다고) 생각했는데, 입고 나올 걸 그랬어.

   B: 그러게. 생각보다 너무 덥다.

3. A: 선생님 말은 괜찮은데, 다른 한국 사람 말은 너무 (빨라서/일러서) 하나도 못 알아듣겠어요.

   B: 처음에는 그런데, 자꾸 듣다 보면 익숙해질 거예요.

4. A: 내일 6시에 출발할까?

   B: 주말 6시? 너무 (빠르지/이르지) 않아? 너는 그렇게 (빠른/이른) 아침에 일어날 수 있어?

빠르다	이르다
시간상 앞섬 related to time	
일을 처리하는 물리적 속도 the physical speed at which tasks are handled 어떤 일을 할 때의 시간이 예상보다 적게 걸릴 때 사용 used when a task takes less time than expected	일반적으로 통용되는 시점, 기준보다 앞선 시간 a time ahead of the generally accepted point or standard

'빠르다', '이르다'를 사용해서 문장을 만들어 보세요.

[정답] 1. 빠를 2. 빠르다고/이르다고 3. 빨라서 4. 빠르지/이르지, 이른

065 사건 vs 사고

오늘은 정말 뜻밖의 사건, 사고가 많은 날이다.

위의 문장에서처럼 '사건'과 '사고'는 모두 예상하지 못한 일을 나타내지만 '사건'은 **사회적으로 영향을 미칠만한 문제, 어떤 관심이나 주목을 받을 만한 일**에 대해서 이야기할 때 사용해요.

한편 '사고'는 교통사고처럼 **예측하지 못한 상태에서 갑자기 일어난 좋지 않은 일**에 대해서 말할 때 사용해요.

예

① 이번 **사건**은/**사고**는 우리 사회의 안전 의식을 다시 한번 점검할 수 있는 계기가 되었다.

② 역사적인 **사건**을 기념하기 위한 행사에 많은 시민들이 참여했다.

③ 최근에 일어난 무차별 폭행 **사건**은 사람들에게 큰 충격을 주었다.

④ 학교 앞에서 일어난 접촉 **사고**로 길이 막혀 차들이 꼼짝도 못 했다.

⑤ 밤새 내린 눈으로 도로가 얼어붙어 **사고**가 발생할 수 있으니 조심해야 한다.

확인문제

1. A: 왜 이렇게 늦었어?

B: 광화문에서 생긴 (사건/사고) 때문에 명동까지 길을 다 막아버려서 늦었어. 미안해.

2. A: 어제 누전으로 인한 화재 (사건으로/사고로) 사무실이 다 타 버렸대요.

B: 정말요?

3. [강의]

20세기의 가장 중요한 역사적 (사건으로/사고로) 제2차 세계 대전을 들 수 있는데 이 전쟁은 유럽뿐만 아니라 국제 정세에도 큰 영향을 끼쳤습니다.

4. A: 그 얘기 들었어? 한강 작가님이 노벨문학상을 받았대.

B: 진짜 기념할 만한 (사건이네/사고네). 대단하다, 정말.

'사건', '사고'와 비슷한 단어로 '사태'가 있어요. '사태'는 '사건', '사고'보다 피해 규모가 크거나 심각하고 긴급한 상황, 국가 및 사회에 비정상적인 상황을 유발하는 일에 대해 말할 때 주로 사용해요.

예 ① 대규모 정전 사태로 인해 폭염에 많은 시민들이 불편을 겪었다.

② 정부는 이번 시위대의 폭력 사태를 매우 유감스럽게 생각하고 있다.

③ 3년 동안의 코로나19 팬데믹 사태를 통해 많은 사람들이 일상의 소중함을 절실히 깨닫게 되었다.

사건	사고
예상하지 못한 일 an unexpected event, often important or interesting	
사회적으로 영향을 미치거나 주목을 받을만한 문제 a socially impactful issue or an issue that draws public attention	갑자기 일어난 좋지 않은 일 an unexpected event with negative consequences

'사건', '사고'를 사용해서 문장을 만들어 보세요.

[정답] 1. 사건/사고 2. 사고로 3. 사건으로 4. 사건이네

066 삶 vs 인생

삶의 작은 순간들이 모여
인생을 만든다!

여자로서의 삶/인생을 주제로 한 소설을 읽었다.

두 단어는 모두 인간이 살아 있음을 나타낸다는 점에서는 같지만 약간의 차이가 있어요. 위의 문장에서 '여자로서의 삶'은 '여자라는 성별로 사는 것'에 초점이 있고, '여자로서의 인생'은 '여자로 태어나 죽을 때까지의 과정'에 초점이 있어요.

'삶'은 **생물학적으로 살아가는 상태나 특정한 상황에서의 생활, 죽음의 반대**를 뜻하는 의미로써 사용해요. 반면에 '인생'은 한 인간이 세상을 살아감을 나타내며 **태어나서 죽을 때까지의 생애와 경험**을 의미해요. 그뿐만 아니라 **존재의 의미나 가치**에 대한 관점을 포함하기도 해요.

예

① 그는 어려운 상황 속에서도 긍정적인 **삶/인생**을 살기 위해 노력한다.

② 전쟁 때는 인간다운 **삶**을 보장받지 못한다.

③ 아이돌로서의 **삶**은 행복하면서도 피곤하다.

④ **인생**은 선택의 연속이며, 그 선택이 나를 만들어 간다.

⑤ 여행을 통해 많은 것을 배우고 **인생**의 의미를 다시 생각하게 되었다.

확인문제

1. A: 나는 요즘의 (삶/인생)에 만족해. 왠지 여유도 있고.

B: 그래? 좋네. 그렇게 긍정적인 마음을 가지는 게 중요하지.

2. A: 뭘 그렇게 골똘히 생각하고 있어요?

B: 책을 읽다가 문득 어떤 (삶/인생)을 살아야 할지 생각 중이었어요.

3. A: 미술관에 고흐 전시회 보러 갔다 왔다면서요? 어땠어요? 저도 가 보려고요.

B: 정말 좋았어요. 고흐의 (삶/인생)을 알면 그림을 더 잘 이해할 수 있으니까 책도 한번 찾아보고 가세요.

'삶'과 비슷한 단어로 '생활'도 있어요. '생활'은 사람이 살아간다는 점에서는 '삶'과 같은 의미를 갖지만, 일정한 환경에서 일상적인 행동과 활동을 하는 것을 나타낸다는 점에서 차이가 있어요. 또한 '생활'은 경제적, 사회적, 문화적 요소가 반영된 생활 방식이나 개인의 일상적인 루틴을 나타내기도 해요.

예 ① 요즘 예능 중에는 연예인의 하루 생활을 관찰하는 프로그램이 많다.

② 유럽인들의 생활 방식과 아시아인들의 생활 방식은 차이가 있다.

③ 한국에서 고3의 생활은 아침부터 밤까지 입시에 모든 초점이 맞춰져 있다.

삶	인생
인간이 살아 있음을 나타냄 indicates that a person is alive	
생물학적으로 살아가는 상태 the biological state of being alive 특정한 상황에서의 생활 living in a specific situation or condition '죽음'의 반대말 the opposite of 'death'	태어나서 죽을 때까지의 생애와 경험 the life and experiences from birth to death 존재의 의미나 가치 the meaning or value of existence

'삶', '인생'을 사용해서 문장을 만들어 보세요.

[정답] 1. 삶 2. 삶/인생 3. 삶/인생

067 새 vs 새로운

새/새로운 집으로 이사하려니 기대가 된다.

'새'와 형용사 '새롭다'의 관형형인 '새로운'은 모두 지금까지 없었던 것이 생겼다는 것을 나타내요. 하지만 '새'는 이미 있던 것이 아니라 **처음 생겨난 것, 생기거나 만든 지 얼마 되지 않은 것, 사용하거나 구입한 지 얼마 되지 않은 것**에 대해 말할 때 사용해요.

반면에 '새로운'은 이런 상황에 더해 **지금까지 있었던 것과 다른 방식이나 성질, 참신하거나 신선한 느낌**에 대해 말할 때 사용해요. 따라서 '새로운 아이디어, 새로운 작품, 새로운 발견, 새로운 기술, 새로운 시도' 등 지금까지 없었던 독창적이고 혁신적인 무언가를 설명하는 경우에도 사용할 수 있어요.

예

① **새/새로운** 프로젝트를 앞두고 기대보다는 걱정이 앞선다.

② 지은 지 1년이나 됐는데 아직도 **새** 집 냄새가 난다.

③ 어제 산 **새** 옷이 잘 어울려서 마음이 든다.

④ 이 책은 읽을 때마다 **새로운** 감동을 받게 된다.

⑤ H사에서 기존에 없었던 **새로운** 디자인의 전기 자동차를 공개했다.

확인문제

1. A: 이번에 봉 감독님의 (새/새로운) 영화가 나왔다면서요? 아주 참신하다고 평이 좋더라고요. 국제영화제에도 초청을 받았대요.

   B: 그럼 상 받을 확률이 높겠네요. 국제영화제는 보통 (새/새로운) 시도를 좋아하니까요.

2. A: 이 신발 어제 새로 샀는데 어때?

   B: 예쁘다! 근데 너 진짜 그런 스타일 좋아하는 거 같아. 비슷한 거 많지 않아? 그래도 (새/새로운) 신발이라서 기분 좋겠네.

3. A: 제가 봉사하는 센터에 있던 유기견이 입양됐어요.

   B: 잘 됐다! 앞으로는 행복하게 (새/새로운) 삶을 살았으면 좋겠어요.

4. A: 요즘 시대에 저금만 해서는 안 돼. (새/새로운) 투자 방법을 찾아야지.

   B: 그게 뭔지 모르니까 못하는 거지.

'새', '새로운'과 의미상 비슷한 단어로 '새로'가 있어요. '새'와 '새로운'은 뒤에 명사가 오는 반면에 '새로'는 뒤에 동사가 오는 점이 달라요.

예 ① 냉장고가 오래돼서 새로 바꿨다.

② 새로 산 옷을 입고 데이트를 하러 갔다.

새	새로운
지금까지 없던 것이 생김 something that comes into existence for the first time	
처음 생겨난 것, 생기거나 만든 지 얼마 되지 않은 것, 사용하거나 구입한 지 얼마 되지 않은 것 something that is newly created, recently made or newly acquired	지금까지 있었던 것과 다른 방식이나 성질, 참신하거나 신선한 느낌 a fresh or new perspective, differing from what existed before

'새', '새로운'을 사용해서 문장을 만들어 보세요.

[정답] 1. A: 새, B: 새로운 2. 새 3. 새/새로운 4. 새로운

068 서글프다 vs 슬프다

할아버지는 할머니가 돌아가신 후 서글픈/슬픈 표정을 하실 때가 많아졌다.

두 단어는 모두 우울한 감정, 행복하지 않은 감정 등을 나타낼 때 사용하는데 위의 문장에서처럼 '서글프다'와 '슬프다'를 비슷한 의미로 서로 바꿔서 사용할 수 있는 경우가 많아요. 하지만 약간의 뉘앙스 차이가 있는데 '서글프다'는 **어떤 상황 때문에 쓸쓸하고 외롭고 허전하여 안쓰럽다는 것에 초점**이 있고, '슬프다'는 **분하고 억울한 일을 겪거나 불쌍한 일을 보고 마음이 아프고 괴롭다는 것에 초점**이 있어요. 따라서 '서글프다'는 **상황에 영향을 받아 생기는 애틋한 감정**을 나타내는 경우가 많고, '슬프다'는 **보다 직관적으로 자신의 감정을 표현**할 때 사용하는 경우가 많아요.

한편 '서글프다'에는 위의 의미 이외에도 어떤 상황이 **기대에 어긋나서 불만스럽거나 마음에 들지 않거나, 스스로가 불쌍해서 안쓰럽고 마음이 불편하다**는 의미도 있어요.

예

① 돈이 모든 것을 해결할 수 있다고 생각하는 요즘 세태가 **서글프다/슬프다.**

② 타국에서 아픈데 병원에도 못 가고 혼자 누워 있으니 너무 **서글프다.**

③ 갑작스러운 친구의 부고를 듣고 너무 **슬펐다.**

④ 책을 읽다가 주인공의 마음을 표현한 문장을 보고 **슬퍼서** 눈물을 흘렸다.

⑤ 수십 년을 열심히 일해도 좋은 대우를 받지 못하는 내 신세가 정말 **서글펐다.**

확인문제

1. A: 기억력도 예전 같지 않고, 나이가 드는 것은 (서글픈/슬픈) 일이에요.

   B: 누구나 다 겪는 일이잖아요. 긍정적인 면만 보면서 살아가야죠.

2. A: 오직 취업만을 위해서 젊은 시절을 보내야 하는 청년들의 실상이 너무 (서글프네요/슬프네요).

   B: 맞아요. 그래도 우리 때는 낭만이 있었는데 말이에요.

3. A: 이런 날은 (서글픈/슬픈) 영화라도 보면서 펑펑 울고 싶어.

   B: 왜 그래? 무슨 일 있어?

4. A: 무슨 생각 하고 있었어?

   B: 유품 정리사가 쓴 책을 읽었는데 고독사한 분의 인생이 참 (서글프다는/슬프다는) 생각을 했어.

서글프다	슬프다
우울하거나 행복하지 않은 감정 feeling depressed or unhappy	
상황에 영향을 받아 생기는 애틋함 a tenderness or affection that arises from the situation	보다 직관적으로 자신의 감정을 표현 expressing one's emotions more intuitively

'서글프다', '슬프다'를 사용해서 문장을 만들어 보세요.

[정답] 1. 서글픈/슬픈 2. 서글프네요/슬프네요 3. 슬픈 4. 서글프다는

069 서먹하다 vs 어색하다

중학교 때 친했던 친구를 만났는데,
오랜만이어서 그런지 참 서먹했다/어색했다.

위의 문장에서처럼 두 단어는 잘 모르거나 친하지 않은 사람을 마주하여 자연스럽지 못하고 불편하다는 의미가 있어요.

그러나 '서먹하다'는 **사람 사이의 관계, 관계에서 비롯되는 낯선 분위기에 한정해서 사용**하는 반면 '어색하다'는 **어떤 것에 익숙하지 않아서 불편할 때, 대답이나 행동이 상황에 맞지 않거나 어떤 것이 격식, 규범, 관습 등에 어울리지 않아서 부자연스러울 때**도 사용할 수 있어요.

예

① 상사와 함께 식사하는 자리는 처음이라서 **서먹하다/어색하다.**

② 과제 때문에 싸우고 난 후 친구하고 사이가 **서먹해졌다/어색해졌다.**

③ 지훈 씨는 아내의 다그침에 **어색한** 변명을 하며, **어색하게** 웃었다.

④ 에릭 씨는 신발을 벗고 집 안에 들어가는 게 아직도 **어색하다고** 했다.

확인문제

1. A: 어제 첫 데이트 잘했어? 어땠어?

   B: 말도 마. 그렇게 오래 알고 지냈는데 막상 둘만 있으니까 너무 (서먹해서/어색해서) 어떻게 해야 할지 모르겠더라고.

2. A: 와, 이 책 원서로 읽는 거야? 대단하다.

   B: 대단하기는. 번역된 책은 뭔지 모르게 (서먹한/어색한) 데가 있잖아. 그래서 한번 원서로 읽어 보려고.

3. A: 무슨 기사예요?

   B: '아직 (서먹한/어색한) 구두를 신고서'라는 제목의 기사인데 취업 박람회에 모인 취준생 이야기예요. 요즘 취업하기가 하늘의 별 따기인가 봐요.

4. A: 이 연극 재미있었어요?

   B: 내용은 좋았어요. 그런데 주인공 배우가 연극은 처음이라더니 중간중간에 연기가 좀 (서먹하더라고요/어색하더라고요).

5. A: 유나 씨하고 식사하러 가는데 같이 가실래요?

   B: 아… 그분하고는 아직 좀 (서먹해서요/어색해서요). 미안해요.

<table>
<tr><th>서먹하다</th><th>어색하다</th></tr>
<tr><td colspan="2">자연스럽지 못하고 불편함
uncomfortable and not natural</td></tr>
<tr><td>사람 사이의 관계에 한정해서 사용
used for awkward feelings between people</td><td>익숙하지 않아서 불편할 때
when something feels uncomfortable because it's unfamiliar
상황에 맞지 않아서 부자연스러울 때
when something doesn't match the situation and feels unnatural</td></tr>
</table>

'서먹하다', '어색하다'를 사용해서 문장을 만들어 보세요.

[정답] 1. 서먹해서/어색해서 2. 어색한 3. 어색한 4. 어색하더라고요 5. 서먹해서요/어색해서요

070 서서히 vs 차츰

[일기예보]

오늘은 기온이 서서히 올라가면서 아침에는 조금 쌀쌀하겠지만, 오후에는 따뜻한 날씨가 예상됩니다. 현재 구름이 많이 끼어 있지만, 오후에는 맑은 하늘이 차츰 드러날 것으로 보입니다.

진통제를 먹으면 통증이 서서히/차츰 줄어들 겁니다.

두 단어 모두 시간이 지남에 따라 어떤 일이 변화되거나 진행되는 과정을 나타낼 때 사용하는데 약간의 뉘앙스의 차이가 있어요.

'서서히'는 **속도와 변화의 과정에 초점**이 있어서 어떤 일이 **매우 느리게, 천천히** 변화되거나 진행되는 상태를 나타내요. 한편 '차츰'은 **속도와 변화의 단계에 초점**이 있어서 어떤 상태나 정도가 시간이 지남에 따라 일정한 방향으로 **조금씩 계속** 변화되거나 진행되는 것을 나타내요.

예

① 실력이 **서서히/차츰** 향상되고 있어 자신감이 생긴다.

② 처음에는 불편해도 살다 보면 **서서히/차츰** 익숙해질 것이다.

③ 아침이 **서서히** 밝아오고 있다.

④ 기차가 **서서히** 승강장으로 들어오고 있다.

⑤ 처음에는 서툴렀던 일이 **차츰** 손에 익어서 빨리 끝낼 수 있게 됐다.

확인문제

1. A: 담배를 끊어야 하는데 끊을 수가 없어요.

B: 한 번에 끊으려고 하지 말고 (서서히/차츰) 줄여 보세요.

2. [버스킹 공연]

A: 이제 슬슬 공연 시작할까?

B: 어. 사람들이 (서서히/차츰) 모이기 시작하네.

3. A: 이제 봄이 오려나 봐요.

B: 그러게요. 차가운 공기가 (서서히/차츰) 따뜻해지고 있어요.

4. A: PT 받는다면서? 효과가 좀 있어?

B: 어. 처음에는 힘들기만 했는데 (서서히/차츰) 몸이 가벼워지는 것이 느껴져.

5. [영화 이야기를 하면서]

A: 아까 범인이 고개를 (서서히/차츰) 들어 쳐다보는데 너무 무서웠어.

B: 진짜 소름 끼치더라.

<table>
<tr><th>서서히</th><th>차츰</th></tr>
<tr><td colspan="2">시간이 지남에 따라 어떤 일이 변화되거나 진행되는 과정
the process of change or development over time</td></tr>
<tr><td>속도와 변화의 과정에 초점
focusing on the speed and process of change
매우 느리게, 천천히
very slowly and gradually</td><td>속도와 변화의 단계에 초점
focusing on the speed and stages of change
조금씩 계속
little by little, step by step</td></tr>
</table>

'서서히', '차츰'을 사용해서 문장을 만들어 보세요.

[정답] 1. 서서히/차츰 2. 서서히 3. 서서히/차츰 4. 차츰 5. 서서히

071 섭섭하다 vs 아쉽다

끝까지 너와 함께하지 못해서 섭섭하다/아쉽다.

위 문장에서처럼 두 단어 모두 기대했던 것과 달라서 실망스럽거나 만족스럽지 않다는 의미가 있어요. 하지만 '섭섭하다'는 **기대한 만큼 대우를 받지 못하거나 생각처럼 되지 않아 감정적으로 만족스럽지 않을 때** 사용하는데 그러한 감정이 다른 사람과의 관계나 상황에서 비롯되는 경우가 많아요.

한편 '아쉽다'는 어떤 일에 **미련이 남거나 어떤 기회를 놓쳐서 상황적으로 만족스럽지 않거나 안타까운 느낌이 들 때**도 사용할 수 있어요. 또한 어떤 것이 필요할 때 그것이 **부족하거나 없어서 곤란하다**는 의미로도 사용해요.

예

① 방학이 끝나는 게 **섭섭하다/아쉽다.**

② 즐겨 듣던 라디오 프로그램이 사라진다고 하니 **섭섭하다/아쉽다.**

③ 오늘 생일이었는데, 아무도 축하를 안 해 줘서 **섭섭했다.**

④ 제일 친하다고 믿었던 친구가 나를 오해해서 **섭섭하다.**

⑤ 좋아하는 가수가 콘서트를 하는데 표를 못 구해서 **아쉽다.**

⑥ 떡볶이를 만들려고 하는데 어묵이 없어서 좀 **아쉽다.**

확인문제

1. A: 부장님, 저를 의심하시는 거예요? 정말 (섭섭합니다/아쉽습니다).

   B: 아니, 그게 아니고…

2. A: 그 영화를 꼭 보고 싶었는데, 벌써 상영이 끝났대요.

   B: 그래요? (섭섭하겠네요/아쉽겠네요).

3. A: 이렇게 바쁜 와중에 무슨 생각으로 아르바이트까지 시작한 거야?

   B: 나도 정신이 하나도 없어. 그런데 요즘 돈이 너무 (섭섭해서/아쉬워서).

4. A: 내가 친구들하고 자주 가던 카페가 없어져서 (섭섭해/아쉬워).

   B: 새로운 곳을 찾아보자! 좋은 곳이 또 있겠지.

'섭섭하다'와 비슷한 단어로 '서운하다'가 있어요. 두 단어는 차이를 찾기 어려울 정도로 의미가 유사해요. '서운하다'는 마음에 차지 않아 아쉬운 느낌이 있을 때 사용하는데 '섭섭하다'보다 조금 더 가볍고 담백한 느낌이 있어요.

예 ① 헤어질 때 급하게 기차를 타느라고 인사도 제대로 못 해서 서운했다.

② 아이는 친구가 칭찬 스티커를 5개를 받았는데 자기는 3개밖에 못 받았다고 하면서 서운해했다.

섭섭하다	아쉽다
기대했던 것과 달라서 실망스럽거나 만족스럽지 않음 feeling disappointed or unsatisfied due to unmet expectations	
생각처럼 되지 않아서 감정적으로 만족스럽지 않을 때 feeling emotionally unsatisfied due to things not turning out as expected	미련이 남거나 어떤 기회를 놓쳐서 상황적으로 만족스럽지 않거나 안타까운 느낌이 들 때 feeling regretful or disappointed from missing opportunities

'섭섭하다', '아쉽다'를 사용해서 문장을 만들어 보세요.

[정답] 1. 섭섭합니다 2. 아쉽겠네요 3. 아쉬워서 4. 섭섭해/아쉬워

072 소중하다 vs 아끼다

이 가방은 엄마한테 물려받은, 가장 소중한/아끼는 물건이다.

'소중하다'와 '아끼다'는 모두 어떤 물건이나 사람을 중요하게 생각하고 가치를 둔다는 의미가 있어요.

하지만 '소중하다'는 **물건, 사람뿐만 아니라 시간, 감정, 경험 등과 같은 유무형의 것**이 귀중하다는 의미가 있고, '아끼다'는 의미는 같지만 **물건과 사람에 한정**해서 사용해요.

또한 '아끼다'는 위의 의미 이외에도 **물건, 돈, 시간 등을 함부로 사용하지 않는다**는 의미도 가지고 있어요.

예

① 이 옷은 오래됐지만 **소중한/아끼는** 거라서 버릴 수 없다.

② 나는 그 무엇보다도 우리 가족이 **소중하다**/가족을 **아낀다**.

③ 유학 생활을 하면서 돈으로 살 수 없는 **소중한** 경험을 했다.

④ 불경기라서 휴지 한 장도 **아끼는** 자영업자가 많다.

확인문제

1. A: (소중한/아끼는) 커피잔을 아이가 깨뜨려서 속상하네요.

   B: 안 다쳤으면 그걸로 다행이지요.

2. A: 취업을 위해 일분일초(가 소중해서/를 아껴서) 생활하고 있는데, 이렇게 노력해도 취직이 안 될까 봐 걱정돼.

   B: 그래도 언젠가 좋은 날이 올 거라고 믿자.

3. A: 아직도 이렇게 누워 있으면 어떡해?

   B: 이것도 나에게는 (소중한/아끼는) 기쁨이야. 방해하지 마.

4. A: 무슨 좋은 일 있어? 얼굴이 좋아 보이네.

   B: 제일 (소중한/아끼는) 내 친구가 나를 만나러 이 먼 곳까지 온대.

<table>
<tr><th>소중하다</th><th>아끼다</th></tr>
<tr><td colspan="2">물건이나 사람을 중요하게 생각하고 가치를 둠
valuing or placing importance on objects or people</td></tr>
<tr><td>시간, 감정, 경험 등 포함
including time, emotions, and experiences</td><td>물건, 사람에 한정
limited to people and possessions
물건, 돈, 시간을 함부로 쓰지 않음
not wasteful with possessions, money, or time</td></tr>
</table>

'소중하다', '아끼다'를 사용해서 문장을 만들어 보세요.

[정답] 1. 소중한/아끼는 2. 를 아껴서 3. 소중한 4. 소중한/아끼는

073 솔직하다 vs 정직하다

그는 굉장히 솔직한/정직한 사람이다.

두 단어는 모두 거짓이나 숨김이 없이 바르고 곧은 상태를 나타내는 말로 사전적으로는 의미의 차이를 찾을 수 없을 정도로 비슷해요. 하지만 맥락에 따라 다르게 사용해요. '솔직하다'는 부끄러움이나 쑥스러움, 타인의 시선을 의식하지 않고 **자신의 감정과 생각을 다른 사람들 앞에 거짓 없이 드러내거나 좋게 보이려고 꾸미지 않는 것**을 의미해요. 이와 달리 '정직하다'는 단순히 거짓말을 하지 않는 것에 더해, 사람으로서 지켜야 하는 **도덕적, 윤리적 기준에 맞춰 바르고 곧은 마음을 갖거나 행동을 하는 것**을 나타내요.

예

① 시연이는 자기의 잘못을 **솔직하게/정직하게** 말했다.

② **솔직하게** 말하면 요즘 번아웃이 온 것 같다.

③ 배우 A는 B와 사귀는 것을 팬들에게 **솔직하게** 알렸다.

④ 공직 생활을 하려면 무엇보다도 **정직하고** 청렴해야 한다.

⑤ 사람이라면 내면의 양심에 귀를 기울여 **정직하게** 살아야 한다.

확인문제

1. A: 조이 무슨 일 있어?

B: 새 헤어스타일이 어울리지 않는다고 했더니 삐졌나 봐.

A: 넌 너무 (솔직해서/정직해서) 탈이야.

2. A: 불법적인 방법으로 부자가 된 사람들이 생각보다 많더라고요.

B: 네에? (정직한/솔직한) 사람들만 사는 세상이 왔으면 좋겠는데…

3. [헬스장에서]

A: 회원님, (솔직하게/정직하게) 말해 보세요. 어제 라면 먹었죠?

B: 티 나요?

4. A: 한 작가님의 글은 공감이 많이 돼요.

B: 저도 그렇게 생각해요. 아마 자기의 감정을 최대한 (솔직하게/정직하게) 쓰기 때문인 거 같아요.

솔직하다	정직하다
거짓이나 숨김이 없이 바르고 곧은 상태 a state of integrity and uprightness, without deceit or concealment	
자신의 감정과 생각을 다른 사람들 앞에 거짓 없이 드러내거나 좋게 보이려고 꾸미지 않음 being honest and open with one's emotions and thoughts, without pretending or trying to appear better than one is	도덕적, 윤리적 기준에 맞춰 바르고 곧은 마음을 갖거나 행동함 acting with uprightness, moral integrity and ethical principles

'솔직하다', '정직하다'를 사용해서 문장을 만들어 보세요.

[정답] 1. 솔직해서 2. 정직한 3. 솔직하게 4. 솔직하게

074 신선하다 vs 싱싱하다

나는 아침마다 신선한/싱싱한 제철 과일을 먹는다.

채소, 과일, 해산물 등의 식재료가 상하지 않고 생기가 있다는 의미로 사용할 때는 '신선하다'와 '싱싱하다'를 둘 다 사용할 수 있어요.

그러나 위의 의미 이외에 '신선하다'에는 **공기나 바람이 깨끗하고 산뜻하다**는 의미도 있고 **아이디어, 이미지 등이 새롭고 참신하다**는 의미도 있어요. 한편 '싱싱하다'에는 어떤 대상의 **기운이나 힘이 왕성하거나 빛깔이나 냄새가 맑고 산뜻하다**는 의미가 있어요.

예

① 이 가게에서 파는 채소는 항상 **신선해서/싱싱해서** 믿음이 간다.

② 아침 공기가 차갑고 **신선해서** 기분이 좋아졌다.

③ 신입사원이라 그런지 아이디어가 아주 **신선하다**.

④ 오랜만에 물을 주었더니 화분의 꽃이 더 **싱싱해졌다**.

⑤ 오이가 먹음직스럽게 **싱싱한** 초록빛을 띠고 있다.

확인문제

1. A: 지난주에 시작한 드라마 봤어요? 배우 변요한이 나오는…

   B: 네, 소재가 아주 (신선해서/싱싱해서) 재미있더라고요.

2. A: 웬 꽃이야?

   B: 이쁘지? 며칠 전에 선물로 받은 건데 아직도 (신선하네/싱싱하네).

3. A: 역시 이 집 해산물은 최고네요.

   B: 산지에서 가까워서 항상 (신선한/싱싱한) 재료를 쓰니까 그런 거 같아요.

'신선하다', '싱싱하다'와 비슷한 단어로 '싱그럽다'가 있어요. '싱그럽다'는 보통 문학적으로 꽃, 경치 등 자연을 표현할 때 사용하는데 감정, 기분과 연결되어 청량하고 밝은 느낌을 주는 향기, 빛깔이 있는 것 또는 그런 분위기를 나타내요.

예 ① 신록의 계절, 5월의 아침 풍경이 싱그럽다.

② 사과의 싱그러운 색깔과 향기에 기분이 좋아진다.

③ 싱그러운 꽃향기와 햇빛 머금은 이슬이 기분 좋은 아침!

신선하다	싱싱하다
채소, 과일, 해산물 등이 상하지 않고 생기가 있음 the vegetables, fruits, and seafood are fresh and vibrant, with no signs of spoilage	
공기, 바람이 깨끗하고 산뜻함 clean and refreshing air or breeze 아이디어, 이미지가 새롭고 참신함 fresh and innovative ideas or images	기운, 힘이 왕성함 energetic and strong 빛깔, 냄새가 맑고 산뜻함 clear and refreshing color or scent

'신선하다', '싱싱하다'를 사용해서 문장을 만들어 보세요.

[정답] 1. 신선해서 2. 싱싱하네 3. 신선한/싱싱한

075 신중하다 vs 점잖다

에릭은 원래 말이 없고 신중하다/점잖다.

두 단어는 모두 가볍지 않고 조심스러운 태도를 나타낼 때 사용해요. 하지만 '신중하다'의 경우 어떤 일을 할 때 **생각을 깊게 하고 말과 행동이 매우 조심스러운 모습**을 나타내는 반면에 '점잖다'는 겉으로 드러나는 **말이나 행동, 태도가 신중**할 뿐만 아니라 **품위가 있고 고상한 느낌**까지 나타낸다는 점에서 차이가 있어요.

예

① 여자친구의 부모님께 인사드릴 때는 호감을 살 수 있게 **신중하게/점잖게** 말하고 행동하도록 해라.

② 투자할 때는 **신중해야** 한다.

③ 까다로운 교수님께 드릴 선물이라서 더 **신중하게** 골랐다.

④ 동생이 잘못해도 흥분하지 말고 **점잖게** 타이르는 게 좋다.

⑤ 결혼식에 갈 때는 **점잖은** 색의 옷을 입는 게 나을 것 같다.

확인문제

1. A: 면접 때 할 넥타이를 보고 있는데 좀 추천해 주시겠어요?

B: 아무래도 면접 때는 색깔은 산뜻하지만 디자인은 (신중한/점잖은) 게 좋을 거 같아요. 이거 어떠세요?

2. A: 새 차 산다더니 어떻게 됐어?

B: 아직 알아보는 중이야. 마음에 드는 것 두 개를 놓고 비교하고 있어.

A: 아직도? 한 달 전에도 똑같은 말을 했던 것 같은데 너무 (신중한/점잖은) 거 아니야?

3. A: 김 부장님이 화가 많이 나신 것 같던데.

B: 그래도 (신중하게/점잖게) 말하려고 노력하시더라고.

4. A: 이번에 접수된 게 사실이 아니라면서요?

B: 네, 그렇다고 들었어요. 좋은 의도였겠지만 그런 신고는 좀 더 (신중하게/점잖게) 해야 할 거 같아요.

신중하다	점잖다
가볍지 않고 조심스러운 태도 (말, 행동) careful and thoughtful attitude (speech or actions)	
말, 행동 + 생각 speech, actions, and thoughts	말, 행동 + 품위가 있고 고상한 느낌 speech and actions with dignity and elegance

'신중하다', '점잖다'를 사용해서 문장을 만들어 보세요.

[정답] 1. 점잖은 2. 신중한 3. 신중하게/점잖게 4. 신중하게

076 심심하다 vs 지겹다 vs 지루하다

집에 있다가 심심하면/지겨우면/지루하면 전화해.

이 단어들은 모두 재미없고 따분한 느낌을 나타내요. 하지만 상황에 따라서 구분해서 사용해야 해요.

'심심하다'는 **내가 할 일이 없어서** 재미가 없다는 것에 초점이 있고 '지루하다'는 어떤 일이 길어져서 따분하고 **시간이 흐르지 않는 것 같다**는 느낌에 초점이 있어요. '지겹다'는 '지루하다'와 같은 뜻으로 사용하는 경우도 있지만 **같은 상태가 반복돼서 싫증이 나고 마음에 들지 않는다**는 부정적인 느낌이 '지루하다'보다 강해요.

예

① 숙제하다가 **지겨워서/지루해서** 게임을 하기 시작했다.

② 주말에 약속도 없고 할 일도 없어서 **심심했다**.

③ **심심해서** 영화를 보기 시작했는데 내용이 너무 뻔해서 **지루했다**.

④ 매일 똑같은 일을 반복하는 게 **지겨워** 죽겠다.

확인문제

1. [전화 통화]

   A: 뭐 해? 나 (심심해/지겨워/지루해).

   B: 그래? 만날까?

2. A: 어제 워크숍을 했는데 별 내용도 없고 진짜 (심심했어/지겨웠어/지루했어).

   B: 그래? 주제가 뭐였는데?

3. A: 점심 먹었어?

   B: 응, 학식. 매일 같은 반찬… (심심해/지겨워/지루해).

4. A: 오늘 개강했지? 어땠어?

   B: 선생님 설명이 (심심하고/지겹고/지루하고) 재미없었어.

<table>
<tr><th>심심하다</th><th>지겹다</th><th>지루하다</th></tr>
<tr><td colspan="3">재미없고 따분한 느낌
feeling bored and not excited</td></tr>
<tr><td>할 일이 없다
having nothing to do</td><td>같은 것이 반복돼서 싫증이 난다
getting tired of doing the same thing again and again</td><td>시간이 흐르지 않는 것 같다
feeling like time is going very slowly</td></tr>
<tr><td></td><td></td><td></td></tr>
</table>

'심심하다', '지겹다', '지루하다'를 사용해서 문장을 만들어 보세요.

[정답] 1. 심심해 2. 지겨웠어/지루했어 3. 지겨워 4. 지겹고/지루하고

077 쓰다 vs 적다

이번 주말 모임에 참가하실 분들은 신청서에 이름을 써/적어 주세요.

두 단어는 어떤 내용이나 사실, 떠오르는 생각이나 아이디어, 기억나거나 기억해야 할 것 등을 잊지 않도록 문자로 남길 때는 같은 뜻으로 사용할 수 있어요.

하지만 '적다'는 어떤 것을 **기록해서 남긴다**는 느낌이 더 강해요. 한편 '쓰다'는 읽거나 알아볼 수 있게 문자로 나타내는 일뿐만 아니라 남에게 들려주고 싶은 **새로운 이야기를 지어내거나 구조를 갖춘 한편의 글을 작성할 때** 주로 사용해요.

예

① 에릭은 마트에 가기 전에 사야 할 물건을 메모지에 **썼다/적었다**.

② 일한 시간과 내용을 근무 기록지에 **써/적어** 주세요.

③ 회의록에 사장님의 말씀을 하나도 빠짐없이 그대로 **써야/적어야** 한다.

④ 어렸을 때 서예를 배우면 글씨를 반듯하게 잘 **쓸** 수 있다고 한다.

⑤ 참신한 소재로 새로운 내용의 대본을 **쓰는** 일은 결코 쉽지 않다.

확인문제

1. A: 뭐 하고 있어요?

B: 아까 부장님이 중요하다고 한 거, 잊어버리기 전에 (써/적어) 두려고요.

2. A: 발표문은 다 (썼어/적었어)?

B: 아니, 아직. 생각이 떠오를 때마다 아이디어를 메모해 두긴 했는데 발표문으로 구성해서 (쓰는/적는) 건 좀 어렵네.

3. A: 이건 뭐라고 쓴 거야? 글을 (쓰는/적는) 게 문제가 아니라 알아볼 수 있게 또박또박 (써/적어)야지.

B: 천재는 악필이래.

쓰다	적다
잊지 않도록 문자로 남김 leaving a message to ensure it is not forgotten	
새로운 이야기를 지어냄 creating a new story 구조를 갖춘 한편의 글을 작성함 writing a well-structured piece of writing	기록해서 남김 recording and keeping

'쓰다', '적다'를 사용해서 문장을 만들어 보세요

[정답] 1. 써/적어 2. A: 썼어, B: 쓰는 3. 쓰는, 써

078 쓸쓸하다 vs 외롭다

학기가 끝나고 친구들이 모두 고향에 돌아가서 너무 쓸쓸하다/외롭다.

두 단어는 모두 마음을 나눌 데가 없거나 혼자인 것 같은 느낌을 나타내는 말이에요. 위의 문장처럼 혼자인 것 같은 적적한 느낌을 말할 때는 같은 뜻으로 사용하는 경우가 대부분이에요.

하지만 약간의 뉘앙스 차이가 있는데 '쓸쓸하다'는 주로 **허전한 마음의 상태**를 나타내요. 주관적이고 심리적인 감정에 초점이 있기 때문에 **그런 느낌을 주는 상황, 날씨나 분위기**에 대해 말할 때도 사용할 수 있어요. 한편 '외롭다'는 주로 **소외된 느낌**을 나타내는데 **다른 사람과의 관계에서 비롯된 감정에 더 초점**이 있어요.

예

① 나는 형제 없이 자라서 **쓸쓸하다/외롭다고** 느낄 때가 많았던 것 같다.
② 유학 생활을 하면서 몸이 아픈데 혼자 있을 때가 제일 **외롭고 쓸쓸하다**.
③ 흐린 늦가을의 오후 풍경은 **쓸쓸하기만** 하다.
④ 결혼식이 끝나고 딸 아이의 방에 들어갔을 때 너무 **쓸쓸했다**.
⑤ 아무도 없는 **쓸쓸한** 공원에 나무 한 그루가 **외롭게** 서 있다.

확인문제

1. A: 주말 잘 보냈어?

   B: 아니. 기숙사에 나밖에 없어서 너무 (쓸쓸했어/외로웠어).

2. A: 낙엽이 떨어지는 게 어쩐지 (쓸쓸해/외로워) 보이네요.

   B: 저도 그래요.

3. A: 벌써 연말이야. 크리스마스도 다가오고…

   B: 시간 참 빠르다. 이럴 때 혼자서 생활하시는 분들은 얼마나 (쓸쓸할까/외로울까)?

4. A: (쓸쓸한/외로운) 거리를 걸어서 와서 그런지 마음도 가라앉는 것 같아.

   B: 왜 그래? 가을 타?

쓸쓸하다	외롭다
혼자인 것 같은 느낌 feeling like being alone	
허전한 마음 feeling empty inside 상황, 날씨나 분위기 situation, weather, or atmosphere	소외된 느낌 feeling of being alienated 다른 사람과의 관계 relationships with others

'쓸쓸하다', '외롭다'를 사용해서 문장을 만들어 보세요.

[정답] 1. 쓸쓸했어/외로웠어 2. 쓸쓸해 3. 쓸쓸할까/외로울까 4. 쓸쓸한

079 씩씩하다 vs 용감하다

세 그림을 보고
어떤 단어가 떠오르세요?

새로운 일에 도전하는 모습이 씩씩해/용감해 보인다.

두 단어는 모두 힘이 있고 활기찬 모습이나 태도를 나타내는 말이에요. 상황에 따라 두 단어를 같은 의미로 사용할 때도 있지만 약간의 뉘앙스 차이도 있어요.

'씩씩하다'는 어떤 행동을 할 때의 **활기차고 힘이 있는 태도나 모습**을 나타내는데 '말투가 씩씩하다', '목소리가 씩씩하다', '걸음걸이가 씩씩하다'와 같은 표현으로 자주 사용해요. 반면에 '용감하다'는 좀 더 **당위성을 가진 일**을 해야 할 때나 **겁 없이, 대담하게 어떤 행동을 할 때의 태도나 모습**을 나타내요.

예

① 어머니는 홀로 우리 형제를 키우셨지만 늘 **씩씩하셨다/용감하셨다**.

② 집안 사정이 어려운데도 내 친구는 항상 밝고 **씩씩하다**.

③ 덩치도 가장 작은 아이가 **씩씩하게** 노는 모습이 대견해 보인다.

④ 나는 칼을 든 강도와 직접 상대할 정도로 **용감하지는** 않다.

⑤ 우리 부대는 불리한 상황 속에서도 적군 앞에 **용감하게** 나섰다.

확인문제

1. A: 아이가 소심해서 태권도 학원에 보냈더니 (씩씩해졌어요/용감해졌어요).

   B: 어머, 우리 애도 보내야겠네요.

2. ['국군의 날' 행사방송]

   A: 국군의 날 행사를 시작하겠습니다.

   B: 네, 지금 군인들이 발을 맞춰 (씩씩하게/용감하게) 행진하고 있습니다.

3. [화재 현장 인터뷰]

   A: 어떻게 그렇게 (씩씩하게/용감하게) 화재 현장으로 뛰어드셨어요?

   B: 집 안에서 살려 달라는 사람 목소리가 들려서 저도 모르게 들어갔어요.

4. A: 우리 애, 혼자서도 잘할 수 있겠죠?

   B: 그럼요. 아이들은 어른들 생각보다 훨씬 더 (씩씩하거든요/용감하거든요).

씩씩하다	용감하다
힘 있고 활기찬 모습 looking strong and energetic	
말투, 목소리, 걸음걸이 the way someone talks, speaks, or walks	당위성을 가진 일, 겁 없이, 대담하게 doing the right thing without fear, bravely

'씩씩하다', '용감하다'를 사용해서 문장을 만들어 보세요.

[정답] 1. 씩씩해졌어요 2. 씩씩하게 3. 용감하게 4. 씩씩하거든요/용감하거든요

080 아마 vs 혹시

Q: 혹시 도서관에서 자료를 출력할 수 있을까요?

A: 아마 출력할 수 있을 거예요.

두 단어는 모두 확실하지 않은 것을 물어보거나 대답할 때 사용해요. 그러나 위의 대화에서처럼 '아마'는 **질문을 할 때에는 사용하지 않는** 반면에 '혹시'는 **질문할 때 주로** 많이 사용해요.

'혹시'는 **어떤 것을 가정하거나 조건을 나타내는 문장**에서도 쓸 수 있는데 그때는 질문이 아닌 경우에도 사용할 수 있고 **'혹시/혹시나/혹시라도'의 형태로 '-(으)면'과 함께** 사용해요.

예

① 이번에는 **아마** 좋은 성적을 받을 수 있을 것이다.

② 날씨가 많이 흐린 걸 보니까 오후에는 **아마** 비가 올 것 같다.

③ **혹시** 유나 씨 전화번호 알아요?

④ **혹시/혹시나/혹시라도** 엘라 씨를 만나면 이 편지 좀 전해 주세요.

확인문제

1. A: 수리하는 데에 시간이 얼마나 걸릴까요?
   B: (아마/혹시) 30분쯤 걸릴 거예요.

2. A: 무슨 일이 생길까 봐 너희끼리 보내기 걱정돼.
   B: (아마/혹시) 무슨 일이 생기면 바로 전화할 테니까 걱정하지 마세요.

3. A: (아마/혹시) 이번 모임에 에릭 씨가 올까요?
   B: (아마/혹시) 올 거예요. 이번 모임을 기대한다고 했거든요.

4. A: 이거 오늘까지 할 수 있겠어?
   B: 그럴 것 같은데, (아마/혹시) 다 못하면 연락할게.

아마	혹시
확실하지 않은 내용에 대해서 말할 때 사용 used when speaking about uncertain information	확실하지 않은 내용에 대해서 질문할 때 사용 used when asking about uncertain information 질문이 아닌 경우: '혹시/혹시나/혹시라도'+ '-(으)면' in non-question situations: used with '혹시/혹시나/혹시라도'+ '-(으)면'

'아마', '혹시'를 사용해서 문장을 만들어 보세요.

[정답] 1. 아마 2. 혹시 3. A: 혹시, B: 아마 4. 혹시

081 아직도 vs 여전히

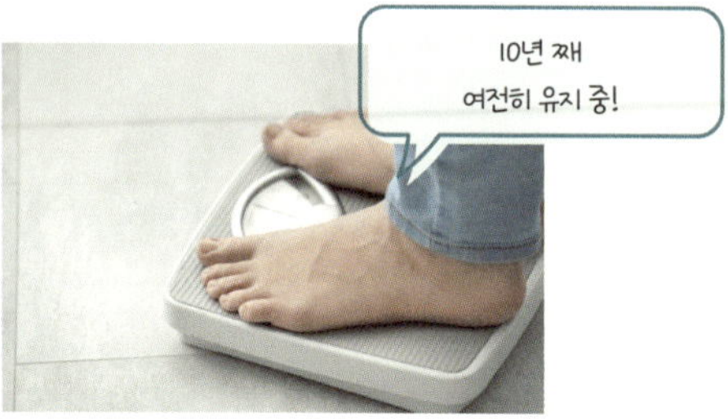

창문 밖에는 아직도/여전히 눈이 내리고 있다.

두 단어는 모두 이전과 똑같은 상태나 행동이 계속됨을 나타낼 때 사용해요. 하지만 사용하는 상황에 따라 뉘앙스 차이가 있어요.

(가) 10년 만에 만난 그녀는 여전히 아름다웠다.
(나) 30분이 지났는데 아직도 밥을 먹고 있다.

(가)에서는 '여전히'를 사용하는 것이 더 자연스러워요. '여전히'에는 **전과 다름없이 계속해서라는 의미가 있어서 어떤 행동이나 상태가 오랜 시간이 지난 후에도 변함없이 지속된다**는 사실 자체를 강조하기 때문이에요.

(나)에서는 '아직도'를 사용하는 것이 더 자연스러운데, '아직도'에는 **곧 일어날 거라고 예상했거나 기대했던 것이 지금까지 이루어지지 않고 이전의 상태나 상황이 지속되고 있다**는 의미가 있기 때문이에요. 이런 경우에는 뒤에 대부분 부정적인 상황이 오거나 '아직도' 뒤에 부정의 형태를 붙여서 사용할 때가 많아요. 한편 '아직도'는 **어떻게 되기까지 시간이 더 지나야 함**을 나타내기도 해요.

예

① 추석이 지났는데도 **아직도/여전히** 날씨가 덥다.
② 긴장하면 손톱을 물어뜯던 습관이 **아직도/여전히** 남아 있다.
③ 몇 년 만에 다시 찾은 고향은 **여전히** 변한 게 없다.
④ 시간이 한참 지났는데 **아직도** 점심을 못 먹었다.
⑤ 일주일 전에 주문한 택배가 **아직도** 오지 않는다.
⑥ 날씨가 이렇게 더운 걸 보니 가을이 오려면 **아직도** 멀었다.

확인문제

1. A: (아직도/여전히) 음식이 안 나왔는데 얼마나 더 기다려야 해요?

B: 죄송합니다. 오늘 주문이 많이 밀려서요. 이제 곧 나올 겁니다.

2. A: 너, 에릭 알지? 오늘 길에서 우연히 만났는데 여자친구 또 바뀌었더라.

B: 진짜? (아직도/여전히) 그러고 다녀?

3. A: 내가 10년 만에 베트남에 왔는데 여기는 (아직도/여전히) 비가 많이 오네.

B: 지금이 우기라서 그렇지.

4. A: 시연이 (아직도/여전히) 안 일어났어요? 10시가 넘었는데?

B: 휴일이니까 푹 자게 그냥 둬.

<table>
<tr><th>아직도</th><th>여전히</th></tr>
<tr><td colspan="2">이전과 똑같은 상태나 행동이 계속됨
the same action or situation continues without change</td></tr>
<tr><td>곧 일어날 거라고 예상했거나
기대했던 것이 지금까지 이루어지지 않고
이전의 상태나 상황이 지속됨
what was expected or anticipated to
happen soon has not yet occurred,
and the previous state or situation persists
어떻게 되기까지 시간이 더 지나야 함
more time is needed
before something happens</td><td>전과 다름없이 계속해서 어떤 행동이나
상태가 시간이 '많이' 지난 후에도
변함없이 지속됨
continues without change, even after
a long period of time, as it was before</td></tr>
</table>

'아직도', '여전히'를 사용해서 문장을 만들어 보세요.

[정답] 1. 아직도 2. 아직도/여전히 3. 여전히 4. 아직도

082 어리다 vs 젊다

그 사람은 어리지만/젊지만 정치에 대한 관심이 아주 많다.

두 단어는 모두 나이가 많지 않음을 뜻해요. 하지만 단어를 사용하는 맥락이나 뉘앙스의 차이가 있는데, '어리다'는 나이가 적어서 **경험이나 지식이 부족한 상태**를 나타내기 때문에 주로 어린이 또는 미성년자에게 사용해요. 또한 나이가 많더라도 **경험이 적을 때, 생각이 짧거나 수준이 낮을 때**도 사용할 수 있어요. 이에 더해 동물이나 식물이 난 지 얼마 되지 않아 작고 약할 때에도 사용해요.

반면에 '젊다'는 나이가 적어서 **에너지가 넘치고 활기찬 이미지나 분위기를 나타낼 때** 사용해요. 보통 기운 등이 왕성하고 한창때인 성인에게 사용해요.

예

① **어릴** 때부터 피아노를 배우면 집중력과 창의력이 향상된다고 한다.

② 내 동생은 아직 **어려서** 혼자서 버스를 탈 수 없다.

③ 남편은 말투는 어른스러운데 생각은 아직 **어리다**.

④ 나는 막 피어난 **어린** 잎의 빛깔을 좋아한다.

⑤ **젊을** 때 여행을 많이 하며 다양한 경험을 쌓는 것이 좋다.

⑥ **젊은** 세대가 사회의 변화를 이끌어 간다.

⑦ 우리 할머니는 인생을 즐기시며 나보다 **젊게** 사시는 것 같다.

확인문제

1. A: 지훈 씨 조카가 몇 살이지요?

   B: 7살이에요. 유나 씨 아이보다 훨씬 (어리지요/젊지요)?

2. A: 부업을 시작했다면서? 힘들지 않아?

   B: (어려서/젊어서) 하는 고생은 사서도 한다고 하잖아. 경험도 쌓고 돈도 벌어서 좋지 뭐.

3. A: 우리 때는 친구들과 있으면 노느라고 시간 가는 줄도 몰랐잖아요.

   B: 그러게요. 그런데 요즘 (어린/젊은) 애들은 바빠서 친구를 만날 시간도 없대요.

4. A: 우리 여행 가자.

   B: 나 돈 없는데.

   A: 엄마한테 달라고 하면 되잖아.

   B: 야! 이 나이에 엄마한테 돈 받아서 여행 갈 생각을 하다니, 너 아직 (어리구나/젊구나).

어리다	젊다
나이가 많지 않음 not old (young in age)	
경험이나 지식이 부족한 상태 lacking experience or knowledge 생각이 짧거나 수준이 낮은 상태 not fully mature in thinking	에너지가 넘치고 활기찬 이미지나 분위기를 나타냄 representing an energetic and vibrant image or atmosphere

'어리다', '젊다'를 사용해서 문장을 만들어 보세요.

[정답] 1. 어리지요 2. 젊어서 3. 어린/젊은 4. 어리구나

083 어우러지다 vs 어울리다

인기 있는 한국 음식!

No1. 삼색나물이 잘 어우러진 비빔밥

No2. 맥주와 잘 어울리는 치킨

이번 축제에서는 모든 사람들이 함께 어우러져/어울려 즐거운 시간을 보냈다.

두 단어는 여럿이 섞여 함께한다는 의미로 사용할 때는 비슷한 뜻으로 사용할 수 있지만 그 외의 상황에서는 차이가 있어요. '어우러지다'는 주로 자연이나 색깔, 소리, 또는 다양한 문화적 요소가 보기 좋고 자연스럽게, 알맞게 섞여 **아름다운 하나의 결과물이나 분위기를 만들어 낼 때** 사용해요.

'어울리다'는 '어우러지다'의 의미로 사용할 때도 있지만, **사람이나 사물 사이의 관계를 나타낼 때** 주로 사용해요. 사람 사이에 관계에 대해서 말할 때는 **여럿이 함께 잘 지내면서 일하거나 논다**는 의미가 있고, 사물과의 관계를 나타낼 때는 **어떤 사람과 사물 또는 사물과 사물이 서로 잘 맞는다**는 의미로도 사용해요.

예

① SNS는 소통을 넘어 세계의 문화가 **어우러지는/어울리는** 교류의 장이 되었다.

② 초록빛 숲과 푸른빛 바다가 **어우러진** 풍경에 저절로 감탄이 나왔다.

③ 튀르키예는 유럽과 아시아의 문화가 **어우러져** 독특한 문화 양식이 발달했다.

④ 한국 친구들과 자주 **어울리는** 외국 학생들은 한국어 실력이 금방 느는 편이다.

⑤ 조이 씨한테는 의외로 검은색 옷이 **어울리지** 않는다.

⑥ 생선 요리는 화이트 와인과 잘 **어울린다**.

확인문제

1. [애니메이션 제작 회의]

A: 캐릭터들이 각각 다 개성이 강해서 잘 (어우러질지/어울릴지) 모르겠네.

B: 그게 애니메이션의 묘미잖아. 나는 좋은데?

2. A: 너 요즘 나쁜 아이들과 (어우러진다며/어울린다며)? 엄마가 걱정이 많으시던데.

B: 아니에요, 겉모습이 그렇게 보일 뿐이지 성실하고 좋은 친구들이에요.

3. A: 공연 어땠어?

B: 연기랑 음악이랑 무대가 완벽하게 (어우러져서/어울려서) 감동적이었어.

여러 요소들이 자연스럽게 잘 맞는 상태를 나타내는 말에는 '조화롭다'도 있어요. '조화롭다'는 여러 가지가 전체적으로 균형감 있게 잘 어울려서 안정감과 편안함을 느낄 수 있을 때 사용해요. '어우러지다'나 '어울리다' 보다 더 포괄적이고 추상적인 것들에 대해서 표현할 때 사용하는데 주로 음식의 맛, 자연, 음악, 예술 등에 대해서 말할 때 사용하는 경우가 많아요.

예 ① 서울은 전통과 현대가 조화로운 도시이다.

② 오케스트라의 아름다운 선율과 성악가의 목소리가 조화롭다.

③ 이 그림에서 화가는 자연과 인간의 모습을 조화롭게 표현하고 있다.

어우러지다	어울리다
여럿이 섞여 함께함 being together in a group	
다양한 요소가 알맞게 섞여 하나의 결과물이나 분위기를 만듦 different elements blending naturally into one result or atmosphere	사람과 사람의 관계에서 여럿이 서로 잘 지냄 people getting along well with each other 사람과 물건, 물건과 물건이 잘 맞음 a good match between people or things

'어우러지다', '어울리다'를 사용해서 문장을 만들어 보세요.

[정답] 1. 어우러질지/어울릴지 2. 어울린다며 3. 어우러져서

084 열리다 vs 펼쳐지다

오늘 여의도에서 불꽃축제가 열렸습니다. 서울 시민들의 머리 위로 불꽃들이 그림처럼 펼쳐졌습니다.

야외 축제가 열리는/펼쳐지는 공원은 이미 수많은 사람들로 붐비고 있었다.

두 단어는 모두 위의 문장에서처럼 어떤 행사가 시작되거나 어떤 것이 눈앞에 나타난다는 의미를 가지고 있어요. 하지만 약간의 뉘앙스 차이가 있어요. '열리다'는 어떤 것이 **막 시작된 느낌**을 가지고 있는 반면에 '펼쳐지다'는 **이미 시작된 것이 한눈에 들어와서 보고 듣고 감상할 수 있는 상태에 있다는 것**에 초점이 있어요.

행사나 축제, 그것이 진행되는 공간을 나타내는 일부의 제한적인 상황을 제외하면 두 단어는 사용할 때 의미가 전혀 달라요. '열리다'의 경우 **모임이나 회의 등이 시작된다**는 의미도 있고 **중요한 기회나 조건이 새롭게 마련된다**는 의미도 있어요. 한편 '펼쳐지다'는 사람들이 보고 듣거나 즐길 수 있도록 **이야기나 풍경 등이 전개된다**는 의미가 있어요. 또한 **꿈이나 계획, 정책 등이 실제로 행해진다**는 뜻으로도 사용할 수 있어요.

예

① 이번 패션쇼는 약 2주간 **열리는/펼쳐지는** 국제 행사이다.
- 밀라노 패션쇼가 오늘 **열린다**.
- 패션쇼가 **펼쳐질** 무대 주변에 사람들이 많이 몰릴 것으로 예상된다.

② 부산 광안리에서 토요일 밤마다 드론 쇼가 **열린다/펼쳐진다는** SNS 광고를 봤다.

③ 졸업식은 다음 주에 대강당에서 **열린다**.

④ 우주 산업의 발전으로 우주 여행을 할 수 있는 새로운 길이 **열렸다**.

⑤ 새로운 에너지 정책이 **펼쳐질** 때까지 많은 논란이 일 것으로 예상된다.

확인문제

1. [올림픽 개회식 중계]

A: 이곳은 이번 파리 올림픽 개회식이 (열리는/펼쳐지는) 센 강 인근입니다.

B: 네, 정말 눈앞에 그림같이 아름다운 경치가 (열려/펼쳐져) 있습니다.

2. A: 스마트폰이 없던 시절에는 어떻게 살았을까?

B: 정말, 그 전을 상상할 수 없을 정도로 신세계가 (열렸지/펼쳐졌지). 그 덕분에 생활 자체가 바뀌었잖아.

3. A: 점점 더 여름이 뜨거워지는 걸 보면 진짜 기후 변화가 심각한가 봐.

B: 맞아. 미래를 위해서라도 좀 더 적극적인 환경 정책이 (열려야/펼쳐져야) 한다고 생각해.

4. [안내방송]

2시부터 (열리는/펼쳐지는) 회의에 임원 여러분은 꼭 참석해 주시기 바랍니다.

열리다	펼쳐지다
어떤 행사가 시작되거나 어떤 것이 눈앞에 나타남 the initiation of an event or the sudden appearance of something in view	
막 시작된 느낌 a feeling of just beginning	이미 시작된 것이 한눈에 들어와서 보고 듣고 감상하는 느낌 a feeling of seeing, hearing, and appreciating something that has already begun

'열리다', '펼쳐지다'를 사용해서 문장을 만들어 보세요.

[정답] 1. A: 열리는/펼쳐지는, B: 펼쳐져 2. 열렸지/펼쳐졌지 3. 펼쳐져야 4. 열리는

085 오히려 vs 차라리

지금 상황에서는 오히려/차라리 말을 안 하는 게 나을 것 같다.

두 단어는 위의 문장에서처럼 생각한 것이나 기대한 것과 다른 사실에 대해서 말할 때 사용할 수 있어요. 그러나 '오히려'의 경우, **예상하거나 기대했던 것과는 반대의 결과**가 나타났을 때 사용할 수 있어요.

반면에 '차라리'는 어떤 것을 선택해야 하는 상황에서, 주어진 조건이나 상황이 **모두 마음에 안 들지만 그나마 더 나은 것을 선택**해서 말할 때 사용해요.

예

① **오히려/차라리** 혼자 했으면 좋았을 텐데 같이 하는 바람에 문제만 많이 생겼다.

② 그렇게 배려하는 게 **오히려** 더 부담스러울지도 모른다.

③ 잘못했는데도 사과하지 않고 **오히려** 화를 내는 게 이상하다.

④ 그 셔츠보다는 **차라리** 이게 나을 것 같다.

⑤ 봤던 영화를 또 보러 영화관에 가느니 **차라리** 카페에 가는 게 좋겠다.

확인문제

1. A: 저녁으로 김밥 먹을래? 컵라면 먹을래?

   B: (오히려/차라리) 굶을게.

2. [병원에서]

   A: 좀 아파도 계속 움직여 보는 게 (오히려/차라리) 재활에는 더 좋을 거예요.

   B: 노력해 볼게요.

3. A: 외국어 공부에 관심이 없는데 억지로 유학을 보내면 (오히려/차라리) 역효과가 날 수도 있어요.

   B: 독학이나 학원보다 유학 보내는 게 낫겠다고 생각했는데 그것도 안 되겠군요.

4. A: 여자친구가 화를 낼 줄 알았는데 (오히려/차라리) 눈물을 흘려서 당황했어.

   B: 화내는 것보다는 (오히려/차라리) 낫지 않아?

<table>
<tr><th>오히려</th><th>차라리</th></tr>
<tr><td colspan="2">생각이나 기대와 다른 사실
a fact that differs from one's assumptions or expectations</td></tr>
<tr><td>예상이나 기대와 반대로
contrary to what was expected or intended</td><td>모두 마음에 들지 않지만
그나마 나은 것을 선택
choosing the less undesirable option</td></tr>
</table>

'오히려', '차라리'를 사용해서 문장을 만들어 보세요.

[정답] 1. 차라리 2. 오히려 3. 오히려 4. A: 오히려, B: 오히려/차라리

086 유치하다 vs 철없다

한 사람의 유치한/철없는 행동 때문에 여러 사람이 곤란해졌다.

위의 문장에서처럼 두 단어는 모두 사람의 행동이나 말, 생각 등이 어른스럽지 못할 때 사용해요. '유치하다'는 나이가 어리거나 나이가 어린 사람이 한 것처럼 **수준이 낮고 미숙하다**는 의미를 갖기 때문에 **말이나 행동**뿐만 아니라 어떤 것의 **주제나 내용**에 대해서 말할 때도 사용할 수 있어요.

하지만 '철없다'는 **세상 물정에 대해 바른 생각이나 판단을 할 줄 아는 힘이나 능력이 없다**는 뜻으로 사용하기 때문에 '유치하다'와는 달리 사람의 **말, 행동, 생각**에 한정해서 사용해요.

예

① 그런 **유치한/철없는** 말은 마음에 두지 말고 잊어버리는 게 좋다.

② 아이들끼리 하는 말을 듣고 있으면 **유치하지만** 귀엽기도 하다.

③ 어렸을 때는 재미있게 봤던 만화책이 지금은 **유치하게** 느껴진다.

④ 고생을 모르고 자라서인지 저 사람은 **철없어** 보인다.

⑤ 공공시설에 낙서를 하다니 정말 **철없는** 짓을 했네요.

확인문제

1. A: 네가 안 가면 나도 안 갈 거야.

   B: (유치하게/철없게) 굴지 말고 혼자서라도 다녀오면 안 될까?

2. A: 그림이 좀 (유치해/철없어) 보이는데.

   B: 쉿! 앞에 있는 사람이 이 그림을 그린 화가야. 조용히 좀 있을래?

3. A: 오늘은 쇼핑을 좀 많이 했어. 가방이랑, 신발이랑, 코트랑…

   B: 부모님 카드로 이 많은 걸 다 사다니 너도 참 (유치하다/철없다).

4. A: 아이가 엄마가 싫다고 한 말에 너무 상처를 받았어요.

   B: 에이, (유치하게/철없게) 왜 그래요? 세 살짜리가 화가 나서 한 말이잖아요.

유치하다	철없다
사람의 행동이나 말, 생각 등이 어른스럽지 못함 immature behavior, speech, or thoughts	
나이가 어린 사람이 한 것처럼 수준이 낮거나 미숙함 being childish or immature like a young person	세상 물정에 대한 바른 생각이나 판단 능력이 없음 being naive or lacking proper judgment about the ways of the world

'유치하다', '철없다'를 사용해서 문장을 만들어 보세요.

[정답] 1. 유치하게/철없게 2. 유치해 3. 철없다 4. 유치하게

087 이따가 vs 있다가

10분만 ~~이따가~~ 있다가 출발하려고 했는데,
깜빡 잠이 들어서 약속에 늦었다.

이따가 통화해야 해서 여기 있다가 전화하려고 한다.

이 둘은 맥락에 따라 달리 사용해야 해요. **시간이 조금 지난 후를 말할 때**는 '이따가'를 사용하고, **잠깐 그 장소에 머물렀다가 무언가를 하려고 할 때**는 '있다가'를 사용해요. '있다가'는 앞에 시간이나 장소를 나타내는 단어와 같이 사용할 때가 많아요.

예

① 그 일은 **이따가** 하고 이거 먼저 해 주세요.

② **이따가** 수업 끝나고 같이 점심 먹으러 갈까요?

③ 30분만 **있다가** 숙제를 시작해야겠다.

④ 집에 **있다가** 답답해서 바람을 쐬러 나왔다.

확인문제

1. A: 언니는 어디 갔어요?

B: 방금까지 여기 (이따가/있다가) 맥주를 가지고 방에 들어갔어.

2. A: (이따가/있다가) 같이 영화 보기로 한 거 안 잊어버렸지?

B: 그럼! 그런데, 무슨 영화더라?

3. [2시간째 통화 중]

A: 자세한 이야기는 (이따가/있다가) 만나서 하자.

B: 2시간이나 통화했는데 해야 할 이야기가 또 있어?

4. A: 어제 어땠어요?

B: 저한테는 조금 불편한 자리라서 잠깐 (이따가/있다가) 나왔어요.

'이따가'는 물리적으로 어느 정도의 시간인지는 알 수 없지만 심리적으로 가까운 시간 이내를 의미하고 대개 '오늘 안'이라는 암묵적인 제한이 있어요.

[학생들의 실제 오류 사례]

예 선생님: 어제 숙제 주세요.

초급 학생: 선생님, 숙제가 집에 있어요. ~~이따가~~ 줄 거예요.

다음에/내일

선생님: (집에 갔다 올 시간이 안 될 텐데) 내일 주세요.

이따가	있다가
짧은 시간이 흐른 후에 after a short time	얼마 동안/어느 장소에 머문 후에 after staying for a while or at a place

'이따가', '있다가'를 사용해서 문장을 만들어 보세요.

[정답] 1. 있다가 2. 이따가 3. 이따가 4. 있다가

088 이제 vs 지금

이제 괜찮아졌어. 지금은 아무렇지 않아.

두 단어는 모두 말하는 바로 그때를 의미해요. 하지만 '이제'는 **상황이 전환**된다는 점에서 '지금'과 다른 뉘앙스로 사용해요.

위의 문장에서 '이제 괜찮아졌어'는 말하는 시점 이전까지는 괜찮지 않았는데, 그 상황이 끝나서 괜찮아졌다고 하는 의미인 반면에 '지금은 아무렇지 않아'는 단순히 **말하는 그 시점**에는 괜찮다는 의미예요.

예

① **이제/지금** 집에 가려고 한다.

② 이번 달에 콘서트에 3번이나 갔더니 **이제** 생활비가 다 떨어졌다.

③ 처음 한국에 왔을 때는 매운 음식을 못 먹었는데 **이제** 잘 먹을 수 있다.

④ **지금** 몇 시예요?

⑤ 남동생이 한 명 있는데 **지금** 고향에서 부모님하고 같이 살고 있다.

확인문제

1. A: (이제/지금) 뭐 해? 안 바쁘면 쇼핑하러 갈래?

B: 방금 숙제가 끝났어. (이제/지금) 아르바이트하러 가야 해.

2. A: 청소 다 했어?

B: 미안, 급한 일이 있어서. (이제/지금) 하려고.

3. A: 약속 장소에 막 도착했어. 너희 (이제/지금) 어디야?

B: 고개를 들어서 앞을 봐. 우리 횡단보도 건너편에 있어.

4. [친구 집에서 놀고 있는 상황]

A: 벌써 시간이 이렇게 됐네. (이제/지금) 가야겠다.

B: 벌써 가려고? 저녁도 먹고 가.

<table>
<tr><th>이제</th><th>지금</th></tr>
<tr><td colspan="2">말하는 바로 그때
right now / at that moment</td></tr>
<tr><td>이전 상황에서 다른 상황으로 전환
a shift from the previous situation</td><td>말하는 시점
the time of speaking</td></tr>
</table>

'이제', '지금'을 사용해서 문장을 만들어 보세요.

[정답] 1. A: 지금, B: 이제 2. 이제/지금 3. 지금 4. 이제

089 자꾸 vs 자주

사소해 보여도 자꾸/자주 하다 보면 도움이 될 거야.

두 단어는 모두 여러 번 계속해서, 잇달아 일어나는 반복적인 일에 대해서 말할 때 사용해요. 하지만 약간의 뉘앙스 차이가 있어요. '자꾸'는 어떤 행동이나 상황이 **수시로, 끊임없이, 불규칙적**으로 일어날 때 사용하는데 그 행동이나 상황이 일어나는 것을 원하지 않을 때는 짜증, 불쾌함 등의 **부정적인 감정**이 담길 때가 많아요.

반면에 '자주'는 시간적 빈도에 대한 표현으로 **짧은 간격이나 주기**로 여러 번 되풀이해서 발생하는 일에 대해서 말할 때 사용하는데 '자꾸'와는 달리 대개 **중립적인 느낌**이 있어요.

예

① 이 식물은 물을 **자꾸/자주** 주면 안 된다.

② 감기가 다 낫지 않았는지 아직도 **자꾸** 기침이 난다.

③ 아까 회의 시간에 스팸 전화가 **자꾸** 와서 짜증이 났다.

④ 그 친구와 나는 **자주** 통화하고 만난다.

⑤ 나는 공연을 좋아해서 **자주** 보는 편이다.

확인문제

1. A: 왜 (자꾸/자주) 말을 걸어? 게임하는데 집중이 안 되잖아.
   B: 같이 발표 준비하기로 했잖아. 지금 그렇게 게임만 하고 있으면 어떡해?

2. A: 저는 시골에 계신 할머니를 (자꾸/자주) 찾아뵙는 편이에요.
   B: 얼마나 (자꾸/자주) 할머니 댁에 가세요?

3. A: 나는 왜 항상 다이어트에 실패할까?
   B: 음, 내 생각에는 네가 달콤한 디저트를 (자꾸/자주) 먹어서 그런 것 같아.
   A: 그렇게 (자꾸/자주) 먹는 건 아니야. 이번 달에도 오늘 처음으로 먹는 건데?

4. A: 요즘 전 남친한테서 계속 전화가 와.
   B: 또? 헤어진 지가 언젠데 (자꾸/자주) 전화를 하고 난리야.

자꾸	자주
잇달아 일어나는 반복적인 일 repeated actions happening one after another	
수시로, 끊임없이, 불규칙적 randomly, irregularly, constantly	짧은 간격, 주기 short intervals or periods
주로 부정적 used in a mainly negative context	중립적 used in a neutral context

'자꾸', '자주'를 사용해서 문장을 만들어 보세요.

[정답] 1. 자꾸 2. A: 자주, B: 자주 3. B: 자꾸/자주, A: 자주 4. 자꾸

090 자부심 vs 자신감

올림픽에 참가하게 되었으니 자부심/자신감을 가지세요.

이 단어들은 모두 스스로를 믿는, 자기 자신에 대한 긍정적인 마음을 나타내요. 두 단어는 비슷한 것 같지만 의미가 다르기 때문에 전달하고 싶은 내용이나 뉘앙스에 따라 구별해서 사용해야 해요.

'사부심'은 **스스로 자신의 가치나 능력을 믿고 당당하게 여기는 마음**을 뜻하기 때문에 위의 문장에서 '자부심'을 사용하는 경우에는 국가 대표로서 올림픽에 참가하게 된 자신을 자랑스럽게 여기라는 의미로 사용할 수 있어요.

한편 '자신감'은 **스스로 어떤 일을 할 수 있다고 믿는 마음**을 뜻하기 때문에 위의 문장에서 '자신감'을 사용하는 경우에는 올림픽에서 충분히 능력을 발휘할 수 있다는 마음가짐을 가지라는 의미로 사용할 수 있어요.

예

① 아버지는 독립 유공자의 자손이라는 **자부심**이 대단하시다.

② 나는 누구보다 성실하고 꾸준하게 나의 책임을 다한 것에 **자부심**을 느낀다.

③ **자신감**이 부족한 사람은 스스로를 과소평가하는 경향이 있다.

④ 여러 사람 앞에서 발표할 때는 무엇보다 **자신감** 있는 태도가 중요하다.

확인문제

1. A: 처음 이 일을 시작할 때는 뭐든지 할 수 있을 거라고 생각했는데 실패를 거듭하니까 점점 (자부심/자신감)이 없어지네요.

B: 현우 씨가 하는 일이 워낙 어렵잖아요. 아무도 해 본 적이 없는 새로운 분야를 개척한다는 (자부심/자신감)을 가지세요. 다 잘될 거예요.

2. A: 우리 할아버지는 한국전쟁에 참전해서 나라를 위해 싸웠다는 사실에 대단한 (자부심/자신감)을 갖고 계셔.

B: 그럴 만하시지. 나라를 위해 희생하는 건 아무나 할 수 있는 일이 아니야.

3. A: 내일 면접인데 떨려 죽겠어.

B: 모르는 질문이 나와도 (자부심/자신감)을 가지고 대답해. 태도가 중요해.

자기 자신에 대한 마음을 나타내는 말에는 '자존감'과 '자존심'도 있어요. '자존감'은 '자아 존중감'의 줄인 말인데, 말 그대로 자기 자신을 스스로가 존중하고 중요하다고 생각하는 마음을 뜻해요. '자존심'은 남에게 굽히지 않으려고 하거나 다른 사람과 비교해서 자기가 스스로를 높이려고 하는 마음을 나타내요.

예 아이를 긍정적이고 밝은 사람으로 키우기 위해서는 아이 스스로가 소중하고 가치 있는 사람이라고 생각할 수 있게 '자존감'을 형성하는 것이 무엇보다 중요하다. '자존감'을 형성하기 위해서는 부모님이 아이의 '자존심'을 건드리는 말이나 행동을 함부로 해서는 안 된다.

자부심	자신감
스스로를 믿는 마음, 자기 자신에 대한 긍정적인 마음 self-confidence and a positive attitude towards oneself	
자신의 가치나 능력을 믿고 당당하게 여기는 마음 having strong belief in one's own value and abilities	어떤 일을 할 수 있다고 믿는 마음 believing that one can do something

'자부심', '자신감'을 사용해서 문장을 만들어 보세요.

[정답] 1. A: 자신감, B: 자부심 2. 자부심 3. 자신감

091 적당하다 vs 적절하다

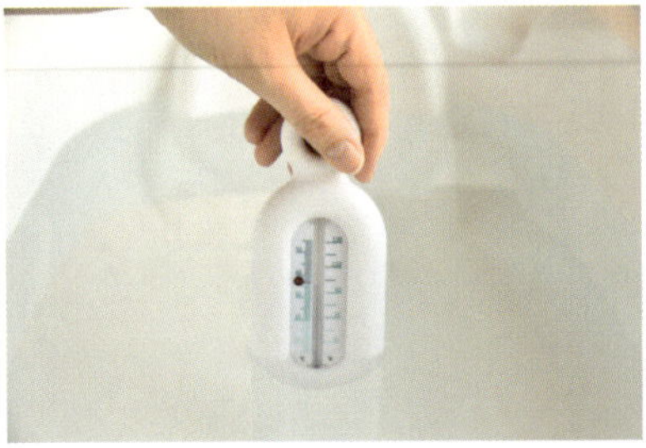

내 마음을 표현할 적당한/적절한 단어가 생각나지 않아서 오랫동안 고민했다.

두 단어는 모두 상황에 알맞다는 의미를 가진 말로 구체적인 조건이나 상황을 알 수 없는 경우에는 비슷한 의미로 사용할 수 있어요.

하지만 **정해진 기준, 양, 조건, 정도나 이치**에 대해서 말할 때는 '적당하다'를, **구체적인 시기나 상황, 목적, 상태 등이 딱 맞아 떨어지는 경우**를 말할 때는 '적절하다'를 사용하는 것이 더 자연스러워요.

예

① 학생들을 가르치기에 **적당한/적절한** 책을 찾고 있다.

② 목욕물이 **적당하게** 식었으니까 이제 아이를 씻겨야겠다.

③ 손님이 열 명 오는데 얼마나 음식을 준비해야 **적당한지** 양을 잘 모르겠다.

④ 시연이는 면접관의 어려운 질문에 **적절하게** 대답한 것에 만족했다.

⑤ 한 시민이 쓰러진 사람에게 **적절한** 조치를 취한 덕분에 소중한 목숨을 구했다.

확인문제

1. A: 여기는 프로젝트를 준비하기 (적당한/적절한) 장소가 아닌 것 같아.
   B: 그럼 다른 곳으로 자리를 옮길까?

2. A: 여기에는 주제에 맞는 (적당한/적절한) 예를 들어서 설명을 더 쓰면 좋겠어요.
   B: 네, 알겠습니다. 자료를 더 찾아볼게요.

3. A: 엄마, 설탕은 얼마나 더 넣으면 돼요?
   B: 정해진 양은 없으니까 (적당히/적절히) 알아서 넣으면 돼.
   A: 그게 얼마나 어려운지 아세요?

4. A: 왜 이렇게 자도 자도 피곤할까?
   B: 보통 몇 시간 자? 하루에 7시간이 제일 (적당하대/적절하대).

<table>
<tr><th>적당하다</th><th>적절하다</th></tr>
<tr><td colspan="2">상황에 알맞음
appropriateness for the situation</td></tr>
<tr><td>정해진 기준, 양, 조건, 정도, 이치 등에 부합함
meeting required standards, quantities, conditions, degrees, or principles</td><td>구체적인 시기, 상황, 목적, 상태 등이 딱 맞아떨어짐
perfect matching of a time, situation, purpose, or condition</td></tr>
</table>

'적당하다', '적절하다'를 사용해서 문장을 만들어 보세요.

[정답] 1. 적당한/적절한 2. 적절한 3. 적당히 4. 적당하대

092 전달하다 vs 전하다

사람들이 정보를 전달하는/전하는 방법이 점점 다양해지고 있다.

위의 문장에서처럼 두 단어는 모두 다른 사람에게 어떤 것을 알리거나 옮겨 준다는 의미를 갖고 있어요. 두 단어는 매우 비슷하지만 약간의 차이가 있어요.

'전달하다'는 주로 **특정 대상에게 구체적인 물건을 보내거나 지시·명령, 자극·신호등과 같은 정보를 알리는 것을 말하는데 그것을 보내고 받게 되는 과정이나 그 결과까지**를 나타내요. 한편 '전하다'는 **물건뿐만 아니라 이야기, 소식이나 안부, 생각, 감정** 등에 대해서 말할 때도 사용할 수 있어요. '전달하다'에 비해 더 **비공식적이거나 일상적인 상황**에서 폭넓게 사용해서 **오랜 세월 동안 이어지거나 남겨진 것**에 대해서 말하거나 **출처나 대상이 불분명, 불특정한 것**을 말할 때도 있어요.

예

① 현우는 이번에 지진 피해를 입은 곳에 자원봉사자로 참여하겠다는 의사를 **전달했다/전했다**.

② 오늘 작성한 서류는 내일까지 거래처 이 과장님께 **전달해야** 한다.

③ 안전 재난 문자는 정부에서 위험한 사건이나 사고, 재해 소식을 **전달할** 때 사용되는 문자 메시지를 말한다.

④ 작가의 의도를 잘 **전하기** 위해서는 좀 더 분명한 예를 들어 설명하는 게 좋다.

⑤ 이 이야기는 정확한 기록은 없지만 이 지역에서부터 **전해진** 것으로 알려져 있다.

확인문제

1. A: 고향에 돌아가면 삼촌한테 안부 좀 (전달해/전해) 주세요.

   B: 네, 그럴게요.

2. A: 역 앞에서 포장마차 하시는 박 씨 할머니 있잖아요. 이번에 평생 모은 돈을 아들 학교에 장학금으로 (전달했대요/전했대요).

   B: 어머나, 대단하시네요.

3. A: 대부분의 문자는 누가, 어떻게 만들었는지 알 수 없는 경우가 많아요.

   B: 그런 점에서 한글은 누가, 왜 만들었는지 목적을 분명히 (전달하기/전하기) 위한 기록이 남아 있다는 점에서 의미가 있지요.

4. [아이의 학교]

   A: 아이가 준비물을 놓고 갔는데 이것 좀 (전달해/전해) 주시겠어요?

   B: 네, 몇 학년 몇 반 누구에게 갖다주면 될까요?

전달하다	전하다
어떤 것을 A로부터 B에게로 옮겨 줌 sending or giving something from 'A' to 'B'	
특정 대상에게 사용 used for a specific person or purpose 구체적인 물건이나 정보를 보내는 과정과 그 결과를 강조 emphasizing the process and outcome of sending specific items or information	불특정한 대상에도 사용 also used for an unspecified or general target 물건 + 소식, 안부, 생각, 감정 items + news, greetings, thoughts, emotions
더 공식적인 상황 used in formal situations	비공식적, 더 일상적인 상황 used in casual or everyday situations

'전달하다', '전하다'를 사용해서 문장을 만들어 보세요.

[정답] 1. 전해 2. 전달했대요 3. 전달하기 4. 전달해/전해

093 조언하다 vs 충고하다

어려움이 있을 때마다 부모님이 조언해/충고해 주셨다.

이 단어들은 모두 상대방에게 도움이 되는 정보를 제공하거나 의견, 방향을 제시한다는 의미로, 주로 다른 사람의 선택이나 결정에 영향을 미치고자 할 때 사용한다는 점에서는 비슷해요.

하지만 '조언하다'는 일반적인 상황에서 더 넓은 범위의 정보나 의견을 제공하여 문제나 어려움이 있는 **상대방에게 도움을 줄 수 있는 다양한 방법이나 해결책을 제시하는 경우**가 많아요. 그래서 상대방이 실수하거나 잘못을 하지 않더라도 도움을 주고자 하는 상황에서 사용할 수 있어요. 반면에 '충고하다'는 **다른 사람의 결함이나 잘못에 대해서 지적하면서 그것을 고칠 수 있도록 타이르거나 주의를 주는 경우**에 사용해요.

예

① 섣불리 **조언하는/충고하는** 것은 인간관계에 그리 도움이 되지 않는다.

② 선생님은 학생들에게 공부 방법을 **조언했다**.

③ 전문가들은 부모들에게 자녀와 대화할 시간을 많이 가지라고 **조언한다**.

④ 이것저것 참견하는 것을 좋아하는 친구에게 그러지 말라고 **충고했다**.

⑤ 믿을 수 없는 단체의 모임에는 가지 않는 것이 좋겠다고 **충고했다**.

확인문제

1. A: 인생이 너무 힘들어.

   B: 할머니가 (조언해/충고해) 주신 말이 있잖아. "살다 보면 살아진다."

2. A: 대학교 원서를 써야 하는데 아직도 전공 선택을 못 했어.

   B: 진로 상담할 때 선생님은 뭐라고 (조언해/충고해) 주셨어?

3. A: 나 오늘 회사에 또 늦어서 혼났어.

   B: 자꾸 그러면 이미지만 더 나빠질 텐데 10분만 더 일찍 일어나. 진심으로 (조언하는/충고하는) 거야.

4. A: 병원 갔다 왔어요? 의사가 뭐래요?

   B: 자세 때문에 아픈 거라면서, 계속 이대로 생활하면 허리 수술을 해야 할지도 모른다고 (조언하더라고요/충고하더라고요).

<table>
<tr><th>조언하다</th><th>충고하다</th></tr>
<tr><td colspan="2">상대방에게 도움이 되는 정보나 의견, 방향을 제시함
giving someone helpful information, advice, or direction</td></tr>
<tr><td>상대방에게 도움을 줄 수 있는 방법이나 해결책을 제시함
suggesting a helpful method or solution to someone</td><td>다른 사람의 결함이나 잘못에 대해서 지적하면서 그것을 고칠 수 있도록 타이르거나 주의를 줌
pointing out someone else's flaws or mistakes and advising or cautioning them to correct it</td></tr>
</table>

'조언하다', '충고하다'를 사용해서 문장을 만들어 보세요.

[정답] 1. 조언해 2. 조언해 3. 조언하는/충고하는 4. 충고하더라고요

094 존경하다 vs 존중하다

나는 그 사람을 존경한다/존중한다.

두 단어는 상대를 높이 여겨 귀하게 생각한다는 의미를 담고 있어요. 하지만 '존경하다'는 **어떤 사람의 인격이나 행동**을 훌륭하다고 생각해서 높이 여기는 상황에서만 사용해요. 한편 '존중하다'는 좀 더 넓은 범위에 대해 말할 때 사용할 수 있는데 **어떤 사람 자체나 의견**을 귀중하게 생각하거나 **사회적인 규범, 생명, 인권, 가치관** 등에 대한 것을 귀중하게 여길 때도 사용할 수 있어요.

예

① 내가 제일 **존경하는** 사람은 우리 부모님이다.

② 세종대왕을 **존경하는** 마음을 담아 광화문에 동상을 세웠다.

③ 갈등을 해결하기 위해서는 의견이 다르더라도 **존중할** 필요가 있다.

④ 차이를 인정하고 **존중하는** 마음을 가지면 행복한 가정을 이룰 수 있다.

확인문제

1. A: 너, 그렇게 말하면 어떡해?

B: 내가 뭘?

A: 상대방을 (존경하는/존중하는) 태도는 행동뿐만 아니라 말에서도 나타나는 거야. 말을 예쁘게 해야지.

2. [회의에서]

A: 한 과장의 의견을 (존경해서/존중해서) 이 제안서는 그대로 진행하겠습니다.

B: 네, 알겠습니다.

3. A: <명량>이라는 영화 본 적 있어? 친구가 추천해 줘서 볼까 하는데.

B: 그럼, 봤지! 이순신 장군을 (존경하는/존중하는) 마음이 절로 생기더라고.

4. A: 김 교수님 수업 어때?

B: 너무 좋아. 게다가 질문 하나하나까지 진지하게 대답해 주셔. 그래서 더 (존경하게/존중하게)됐어.

존경하다	존중하다
상대를 높이 여겨 귀하게 생각함 respecting and valuing someone highly	
사람의 인격이나 행동 one's character and conduct	사람 자체나 의견 the person themselves or their opinions 사회적인 인격, 규범, 가치관 등 social norms, identity, and values

'존경하다', '존중하다'를 사용해서 문장을 만들어 보세요.

[정답] 1. 존중하는 2. 존중해서 3. 존경하는 4. 존경하게

095 차갑다 vs 차다

물이 차갑다

물이 차다

얼마 전까지만 해도 덥더니 요즘은 밤공기가 제법 차갑다/차다.

두 단어는 모두 온도가 낮은 느낌을 나타내지만 뉘앙스에 약간의 차이가 있어요. '차갑다'는 **온도가 낮을 때 직접적으로 피부에 닿는 감각, 차가운 느낌을 주는 것이나 기분에 대해서 말할 때** 사용할 수 있어요. 반면에 '차다'는 **단순히 온도가 낮아서 따뜻한 느낌이 없을 때** 주로 사용해요.

또한 두 단어 모두 성격이나 태도 등을 나타낼 때도 사용할 수 있는데 냉랭한 표정이나 분위기, 인정이 없고 냉정한 성격이나 마음씨, 매몰찬 태도, 싸늘한 눈빛이나 목소리 등 **감정적인 느낌을 더 강조**할 때는 주로 '차갑다'를 사용해요.

예

① 방바닥이 너무 **차가워서/차서** 보일러를 좀 켜야겠다.

② 나는 주말이 되면 냉장고에 넣어 둔 **차가운/찬** 맥주를 마시며 영화를 보곤 한다.

③ 그 사람의 미소는 나와 눈이 마주치자마자 **차갑게/차게** 식어 버렸다.

④ 눈빛도 **차갑고** 말투도 싸늘해서 더 이상 이야기를 나누고 싶지 않았다.

⑤ 엘라 씨는 말이 없어서 성격이 **차갑다고** 오해를 받고는 한다.

확인문제

1. A: 따뜻한 물밖에 없어요?

   B: (차가운/찬) 물 드릴까요?

2. A: 날이 꽤 춥죠?

   B: 기온은 그리 낮지 않은데 바람이 (차가워서/차서) 더 추운 것 같아요.

3. A: 에릭 씨는 어떤 사람이에요?

   B: 감정을 잘 안 드러내서 (차가워/차) 보이지만 좋은 사람이에요.

4. A: 유나랑 싸웠어?

   B: 싸운 건 아니고, 내가 뭘 좀 부탁했는데 너무 (차갑게/차게) 거절하니까 서운하더라고.

찬 기운을 말할 때 사용하는 단어로 '시리다'도 있어요. '시리다'는 찬 기운으로 인해 몸의 일부분이 춥거나 불편할 때, 차가운 것이 몸에 닿아 통증이 있거나 얼얼한 느낌이 있을 때 사용해요.

예 ① 음료수가 너무 차가워서/차서 이가 시리다.

② 날씨가 어찌나 추운지 잠깐 나갔다 왔는데도 귀가 시릴 정도이다.

차갑다	차다
온도가 낮음 low temperature	
온도가 낮을 때 직접적으로 피부에 닿는 감각, 차가운 느낌을 주는 것이나 기분에 대해서 말할 때 the sensation of coldness on the skin when the temperature is low, or the feeling of chill 감정적인 느낌을 더 강조 emphasizing the emotional feeling of coldness or chill	단순히 온도가 낮아서 따뜻한 느낌이 없을 때 when the temperature is low, lacking a warm sensation

'차갑다', '차다'를 사용해서 문장을 만들어 보세요.

[정답] 1. 차가운/찬 2. 차가워서/차서 3. 차가워 4. 차갑게

096 참가하다 vs 참석하다 vs 참여하다

접수번호	외국인 노래자랑 참가 신청서				
성 명		나 이	세	성 별	남 · 여
주 소					
직 업 (구체적으로)				연 락 처	
				핸드폰	
				비상연락망	
노래 1. 2. 3.					
장기 및 사연					

현우 씨는 지역 발전을 위한 행사에 참가했다/참석했다/참여했다.

이 단어들은 모두 어떤 자리나 모임에 함께한다는 의미가 있어요. 하지만 어떤 단어를 선택하느냐에 따라서 적극성의 정도에 차이가 있기 때문에 상황에 따라 주의해서 사용해야 해요.

'참석하다'는 어떤 자리나 모임에 **나간다, 출석한다**는 데에 초점이 있어요. '참가하다'는 어떤 자리나 모임에 **나가서 주어진 일정대로 함께한다**는 의미가 있고, '참여하다'는 여러 사람이 하는 일에 **나가서 자발적이고 능동적으로 맡은 일을 한다**는 의미가 더 강해요.

예

① 모임에 **참가하려고/참석하려고/참여하려고** 날짜와 시간을 메모해 두었다.

② 유나 씨는 아이의 졸업식에 **참석하기** 위해 아침 일찍 집을 나섰다.

③ 마라톤 대회에 **참가해서** 완주하는 것이 목표이다.

④ 지훈 씨는 워크숍 준비 회의에 부서 대표로 **참여해서** 프로그램을 기획했다.

⑤ 시연 씨는 신입생 O.T에 **참석했지만** 오후 일정에는 **참가하지** 않았다.

⑥ 시연 씨는 신입생 O.T에 **참석했지만** 적극적으로는 **참여하지** 않았다.

확인문제

1. A: 지난주 동아리 모임에 (참가했어/참석했어/참여했어)?

   B: 아니. 시험 준비하느라고 못 갔어.

2. A: 지훈 씨 결혼식에 가세요? 혹시 (참가하면/참석하면/참여하면) 축의금 좀 전해 주세요.

   B: 네, 제가 전해 드릴게요.

3. A: 이번 월드컵에 (참가할/참석할/참여할) 선수들은 정해졌대?

   B: 다음 주에 발표한다던데.

4. A: 축제에 자원봉사자로 (참가하려면/참석하려면/참여하려면) 어떻게 해야 해요?

   B: 아마 홈페이지에 자세한 내용이 나와 있을 거예요. 한번 확인해 보세요.

참석하다	참가하다	참여하다
어떤 자리나 모임에 나감 attending an event, meeting, or gathering		
출석 자체에 초점 focus on being present (attendance itself)	출석 후 일정대로 주어진 일 수행 being present and doing the assigned tasks as scheduled	출석 후 자발적이고 능동적으로 맡은 일을 함 actively and voluntarily participating in the work or task
소극적 <---> 적극적 passive ... active		

'참가하다', '참석하다', '참여하다'를 사용해서 문장을 만들어 보세요.

[정답] 1. 참가했어/참석했어/참여했어 2. 참석하면 3. 참가할 4. 참가하려면/참여하려면

097 첫 번째 vs 첫째

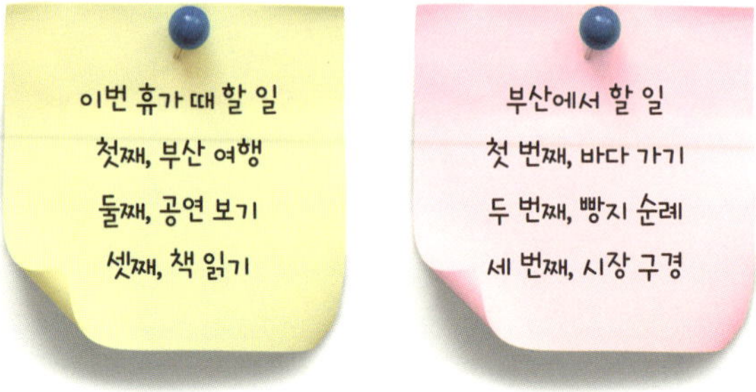

두 단어는 여러 가지를 나열해서 말할 때는 모두 '맨 처음'이라는 의미를 가지고 있어요. 하지만 이것 이외의 상황에서는 의미가 달라질 수 있어요.

'첫 번째'는 **반복되는 일에서의 횟수를 강조할 때**에 사용할 수 있어요. 예를 들어 한국에 와서 처음(첫 번째) 먹은 떡볶이는 너무 매워서 못 먹었는데 그다음에(두 번째) 먹었을 때는 괜찮았다는 사실을 나타낼 때 쓸 수 있어요. 또한 **시간적 순서가 중요한 일을 말할 때**도 사용할 수 있어요. 예를 들면 한국에 와서 2박 3일 동안 먹은 음식에 대해 이야기할 때 첫 번째 먹은 음식이 떡볶이였고, 두 번째 먹은 음식이 비빔밥, 세 번째 먹은 음식이 갈비였다는 사실을 말할 때 사용해요.

한편, '첫째'는 순서가 중요한 것은 아니지만 말할 내용이 많아서 단순히 **나열해서 말할 때의 맨 처음**이라는 의미로 사용해요. 그 외에도 **맏이, 으뜸**이 되는 것을 뜻하거나 **제일, 가장**의 의미로도 사용할 수 있어요.

예

① 그 가게는 매달 **첫 번째/첫째** 수요일이 휴무이다.

② 그 남자는 **첫 번째** 부인과 사별한 지 10년 만에 재혼했다.

③ 내가 유럽 여행할 때 **첫 번째**로 갔던 나라는 스페인이다.

④ 세종대왕의 업적 중 **첫째**는 한글을 만든 것이다.

⑤ 어느 집이든지 대부분 **첫째**들이 책임감이 강한 편이다.

확인문제

1. [요리 교실]

오늘 수업에서는 불고기, 파전, 잡채를 만들 거예요. 그럼 먼저 (첫 번째/첫째)로 만들 불고기 레시피를 나눠 드리겠습니다.

2. [야구 경기장]

A: 저기 등번호 10번 아이가 우리 (첫 번째/첫째)예요.

B: 드디어 (첫 번째/첫째) 아이의 (첫 번째/첫째) 경기가 시작되는군요.

3. [동아리]

A: 우리 정기모임 날짜를 정해야 하는데, 언제가 좋을까요?

B: 매달 (첫 번째/첫째) 주 토요일이 어떨까요?

4. [합창 발표회]

A: 아이쿠, 제가 늦었네요.

B: 이제 (첫 번째/첫째) 순서가 막 끝났어요. 우리 팀은 다음 다음에 나와요.

첫 번째	첫째
나열한 것을 말할 때 맨 처음 the first item when listing things or making a point	
반복되는 일에서의 가장 처음 the very first time in a repeated action 시간적 순서상 가장 처음 the very first in chronological order	여러 내용을 나열해서 말할 때 처음 the first point/item in a list 맏이, 으뜸, 가장, 제일 firstborn, best, number one, the most important

'첫 번째', '첫째'를 사용해서 문장을 만들어 보세요.

[정답] 1. 첫 번째 2. A: 첫째, B: 첫째, 첫 번째 3. 첫 번째/첫째 4. 첫 번째

098 특별히 vs 특히

그는 모든 친구들에게 친절하지만 나에게는 특별히/특히 더 잘해 준다.

두 단어 모두 특정한 대상이나 상황을 강조할 때 사용해요. 하지만 '특별히'는 일반적인 것과 구별되는 다른 예외적인 상황에서 사용하며, 특별한 이유가 있을 때 사용하는 게 자연스러워요. **어떤 대상을 보통과 다르게 생각하거나 더 마음이 갈 때, 더 신경을 쓸 때** 사용해요.

이와 달리 '특히'는 **여러 요소 중에서 하나를 두드러지게 강조할 때** 사용해요.

예

① 건강을 위해 운동도 하지만, 요즘은 식단에 **특별히/특히** 신경 쓰고 있다.

② 오늘은 외국에서 손님이 오셔서 **특별히** 더 한국적인 것으로 준비했다.

③ 장례식에 갈 때는 평소와 달리 **특별히** 옷차림에 신경을 써야 한다.

④ 나는 채소는 다 좋아하는 편인데 **특히** 당근을 좋아한다.

⑤ 창덕궁은 어느 계절에 가도 다 아름다운데 **특히** 가을에 풍경이 가장 아름답다.

확인문제

1. A: 오늘 점심 뭐 먹을까?

   B: 글쎄. 오늘은 (특별히/특히) 초밥이 먹고 싶은데 어때?

2. A: 이게 뭐예요?

   B: 그동안 고생한 현우 씨를 위해 (특별히/특히) 준비한 거예요.

3. A: 영화 어땠어?

   B: 스토리도 참신하고 배우들의 연기도 아주 좋았어. (특별히/특히) 마지막 장면이 너무 인상적이었어.

4. A: 제주도 갔다 왔다면서요? 뭐가 기억에 남아요?

   B: 다 좋았는데 (특별히/특히) 해안을 따라서 드라이브했던 게 제일 생각나요.

특별히	특히
특정한 대상이나 상황을 강조할 때 emphasizing a specific subject or situation	
어떤 대상을 보통과 다르게 생각하거나 더 마음이 갈 때나 더 신경을 쓸 때 when considering something differently than usual or giving more attention to it	여러 요소 중에서 하나를 강조할 때 when highlighting one element out of many

'특별히', '특히'를 사용해서 문장을 만들어 보세요.

[정답] 1. 특별히/특히 2. 특별히 3. 특히 4. 특히

099 활동적이다 vs 활발하다

우리 애는 활동적이어서/활발해서 친구도 많고 약속도 많아요.

위의 문장에서처럼 두 단어는 모두 적극적인 사람의 성격을 나타낼 때 사용할 수 있어요. 하지만 '활동적이다'는 **몸을 많이 움직여서 이런저런 일들을 적극적으로 하는** 사람에게 사용하고, '활발하다'는 **에너지가 많아서 힘차고 생기가 있어 보이는** 사람에게 사용해요. 이외에도 '활동적이다'는 **어떤 일에서 좋은 결과를 거두기 위해 힘을 쓰는 것**을 나타낼 때도 사용할 수 있어요.

또한 '활발하다'는 매우 힘차고 생기가 있는 상태, **어떤 일이 이미 많이 이루어졌거나 벌어진 상태**를 나타낼 때도 사용할 수 있어요.

예

① 우리 선생님은 **활동적인/활발한** 것 같다.

② **활동적인** 생활은 심신의 건강에 도움이 된다.

③ 환경 보호 운동에 **활동적으로** 참여하고 있다.

④ 아이들은 공부할 때보다 놀 때 훨씬 더 **활발해** 보인다.

⑤ 좁은 수조에서 바다로 돌아간 돌고래는 이제 **활발하게** 헤엄쳐 다니게 됐다.

⑥ 부동산의 가격 하락으로 인해 최근에는 주식 거래가 다시 **활발해졌다**.

확인문제

1. A: 현우는 (활동적인/활발한) 사람이라서 잠시도 집에 있지를 못해. 피곤할 만한데 쉬지도 않고 계속 밖에 나가서 뭔가를 하더라고.

B: 대단하다. 그런 에너지가 있다니 부러운데?

2. A: 확실히 (활동적인/활발한) 태도와 말투로 이야기하는 사람들의 발표가 귀에 더 잘 들어오는 것 같아.

B: 맞아. 거기에 전달력까지 있으면 금상첨화지.

3. A: 너 요즘 SNS 활동이 꽤 (활동적이더라/활발하더라).

B: 이왕 만든 거 좀 더 잘해 보려고. 사람들하고 소통을 많이 하니까 재미있어.

4. [초등학교 학부모 모임]

A: 아이가 지나치게 (활동적이라서/활발해서) 수업 시간 40분 동안 가만히 참고 앉아 있을지 모르겠어요.

B: 지난번 공개 수업 때 보니까 의젓하게 앉아서 대답도 (활동적으로/활발하게) 잘하던데요. 너무 걱정하지 마세요. 잘할 거예요.

활동적이다	활발하다
적극적인 사람의 성격을 나타냄 describes someone with an outgoing or proactive personality	
몸을 많이 움직여서 적극적으로 함 actively doing things with a lot of movement 좋은 결과를 얻기 위해 힘을 씀 putting in effort to get good results	에너지가 많아서 힘차고 생기 있음 being energetic and lively 어떤 일이 많이 이루어졌거나 벌어짐 a lot has happened or been done

'활동적이다', '활발하다'를 사용해서 문장을 만들어 보세요.

[정답] 1. 활동적인 2. 활발한 3. 활발하더라 4. A: 활동적이라서, B: 활발하게

100 흥미롭다 vs 흥미진진하다

두 팀의 실력이 막상막하라서 오늘 경기는 매우 흥미로울/흥미진진할 것 같다.

위의 문장에서처럼 두 단어는 모두 재미있다는 뜻을 나타내요. '흥미롭다'는 보통 마음이 갈 만큼 재미가 있다는 뜻으로 **재미있는 사실을 알게 됐거나 관심을 가질 만한 사실 자체에 대해서 포괄적으로 말할 때** 사용해요.

한편 '흥미진진하다'는 비슷한 상황에서 사용할 수 있지만 **그 정도가 대단함을 강조하거나, 사건이나 이야기의 흐름 및 전개가 재미있다는 느낌을 강조할 때** 사용해요.

예

① 오늘 친구에게 **흥미로운** 소문을 들었다.

② 사진 한 장이 역사 드라마의 소재가 되었다는 사실이 **흥미롭다**.

③ 야구 경기가 엎치락뒤치락하면서 점점 **흥미진진해지고** 있다.

④ 드라마는 한창 **흥미진진할** 때 끝나서 항상 다음 회를 손꼽아 기다리게 된다.

확인문제

1. A: 그거 알아? 한국에서는 여름이 아무리 더워도 '처서'라는 절기가 지나면 시원해진대.
   B: 그래? 그것 참 (흥미롭네/흥미진진하네).

2. A: 언제까지 그러고 있을 거야? 청소 안 해?
   B: 어, 미안. 해야 하는데 영화가 점점 더 (흥미로워져서/흥미진진해져서) 멈출 수가 없어. 끝나면 이따가 내가 할게.

3. A: 나는 현우 씨가 이번 소개팅에 나갈지 나가지 않을지 심각하게 고민하고 있다는 게 (흥미로워요/흥미진진해요).
   B: 그러게요. 이성을 만나는 일에는 전혀 관심이 없다고 생각했는데 뜻밖이에요.

4. A: 혹시 추리소설 좋아하세요? 한번 읽기 시작하면 끝까지 단숨에 다 읽게 되는 (흥미로운/흥미진진한) 소설이 있는데, 빌려 드릴까요?
   B: 정말요? 제목이 뭔데요? 저 추리소설 정말 좋아하거든요.

<table>
<tr><th>흥미롭다</th><th>흥미진진하다</th></tr>
<tr><td colspan="2">재미있음
the general idea of fun or enjoyment</td></tr>
<tr><td>재미있는 사실을 알게 됐거나
관심을 가질 만한 사실 자체에 대해서
포괄적으로 말할 때
experiencing exceptional fun
or a highly engaging story development</td><td>재미의 정도가 대단함을 강조하거나,
사건이나 이야기의 흐름 및 전개가
재미있다는 느낌을 강조할 때
discovering an interesting fact or something
that sparks interest</td></tr>
</table>

'흥미롭다', '흥미진진하다'를 사용해서 문장을 만들어 보세요.

[정답] 1. 흥미롭네 2. 흥미진진해져서 3. 흥미로워요 4. 흥미진진한

부록

토픽 유형 어휘 문제

Ⅰ. 다음 (　　　)에 들어갈 가장 알맞은 것을 고르십시오.

1. (　　　) 돌아온다고 하고 나간 아이가 아직도 들어오지 않아서 걱정된다.

① 금방　　② 방금　　③ 이제　　④ 지금

2. 청소를 끝냈더니 배가 너무 고파서 눈앞의 과자를 (　　　) 먹었다.

① 슬쩍　　② 마구　　③ 여전히　　④ 심지어

3. 4년 동안 유학 생활을 하면서 돈으로 살 수 없는 (　　　) 경험을 했다.

① 아끼는　　② 절약하는　　③ 소중한　　④ 아쉬운

4. 온라인 쇼핑몰을 시작하려고 먼저 사업자로 (　　　).

① 가입했다　　② 참가했다　　③ 신청했다　　④ 등록했다

5. 사진인 줄 알고 구입한 엽서인데 (　　　) 보니 그림이었다.

① 몰래　　② 자주　　③ 자세히　　④ 구체적으로

6. 살을 빼고 싶다는 언니에게 아침마다 가벼운 산책을 해 보라고 (   ).

① 권했다 ② 전달했다 ③ 추천했다 ④ 충고했다

7. 공무원으로 일하는 사람들은 무엇보다도 (   ) 청렴해야 한다.

① 솔직하고 ② 정직하고 ③ 어색하고 ④ 섭섭하고

8. 배우의 연기력도 중요하지만 무엇보다 소재가 (   ) 흥행할 수 있다.

① 싱싱해야 ② 신선해야 ③ 싱그러워야 ④ 화려해야

9. 결혼식 후 신혼여행을 떠난 딸아이의 방에 들어갔을 때 너무 (   ).

① 쓸쓸했다 ② 외로웠다 ③ 서먹했다 ④ 난처했다

10. 시내를 구경하는 동안 무거운 짐을 지하철역 물품함에 (   ).

① 간섭했다 ② 돌려줬다 ③ 간직했다 ④ 보관했다

Ⅱ. 다음 밑줄 친 부분과 의미가 가장 비슷한 것을 고르십시오.

1. 제자를 **기르는** 사람이라면 학문뿐만 아니라 인성에도 관심을 기울여야 합니다.

   ① 자라는　② 마련하는　③ 바라는　④ 키우는

2. 무슨 일인지 뺨이 **가려워서** 긁었더니 상처가 났다.

   ① 건조해서　② 간지러워서　③ 따가워서　④ 아파서

3. 새로 생긴 헬스장에 이번 주까지 **등록하면** 운동복을 사은품으로 준다고 한다.

   ① 가입하면　② 구매하면　③ 준비하면　④ 결정하면

4. 이번 주말에는 말하기 연습을 위해 언어교환 동호회에 **참석하기로** 했다.

   ① 참견하기로　② 결제하기로　③ 참가하기로　④ 구입하기로

5. 날씨도 좋고 예쁜 꽃도 피어서 이번 주말에는 고궁을 **구경했다**.

   ① 바라봤다　② 어울렸다　③ 관람했다　④ 쳐다봤다

6. 내 친구는 대학에 입학한 지 8년 만에 **결국** 졸업을 하게 됐다.

① 심지어 ② 드디어 ③ 반드시 ④ 도대체

7. 겨울인데도 낮 최고기온이 영상으로 올라 **따뜻한** 봄 날씨같다.

① 갑갑한 ② 환한 ③ 차가운 ④ 포근한

8. 논문을 쓰기 위해 자료를 **모으는** 데만 3년이 걸렸다고 한다.

① 간섭하는 ② 기억하는 ③ 전달하는 ④ 수집하는

9. 피부가 **민감한** 편이라면 새 화장품을 사용할 때 조심해야 한다.

① 밝은 ② 예민한 ③ 복잡한 ④ 화려한

10. 올해는 봄꽃의 개화 시기가 평년보다 **빠를** 것으로 보입니다.

① 이를 ② 어릴 ③ 어울릴 ④ 열릴

Ⅲ. 다음은 신문 기사의 제목입니다. 가장 잘 설명한 것을 고르십시오.

1.

도심 속 공원, 꽃으로 가득 채워져

① 도시 중심에 위치한 공원이 꽃들로 꽉 찼다.

② 도심에 심어진 꽃들을 보기 위해 사람들이 찾아왔다.

③ 꽃들로 가득한 공원이 도시 여기저기에 많이 생기고 있다.

④ 휴일을 맞아 꽃을 보기 위해 공원을 찾는 사람들로 붐볐다.

2.

기술 혁신, 산업 발전에 큰 기여

① 기술 혁신을 위해 산업 발전을 시켜야 한다.

② 산업을 발전시키려면 기술 혁신을 위한 연구가 필요하다.

③ 기술이 발전해야 경제가 성장하므로 기술 발전이 중요하다.

④ 새로운 기술 발전이 산업을 성장시키는 데에 큰 영향을 끼쳤다.

3. **아침은 쌀쌀, 기온 서서히 오르며 오후는 맑은 하늘이 차츰 드러나**

① 아침과 마찬가지로 오후에도 쌀쌀하고 하늘이 맑다.

② 아침에는 쌀쌀하지만 오후에는 갑자기 기온이 오르고 구름이 많아진다.

③ 아침에는 쌀쌀하지만 점점 기온이 오르고 오후에는 날씨가 조금씩 맑아진다.

④ 아침과 달리 오후에는 기온이 더 떨어지지만 구름 한 점 없는 하늘을 볼 수 있다.

4. **해외여행 번거로운 출국 절차 간소화, 여행객들에 호평**

① 해외에 나갈 때 출국순서와 방법이 기계화되어 더 단순해졌다.

② 해외로 여행할 때의 복잡했던 절차가 단순해져서 여행객들이 좋아한다.

③ 해외여행 절차가 더 추가되어 비행기를 놓친 여행객이 항의하는 일이 생겼다.

④ 해외여행 할 때 출국하는 방법이 복잡해져서 여행하려는 사람들이 불편해 한다.

Ⅳ. 다음 밑줄 친 부분이 틀린 것을 고르십시오.

1. ① 매일 똑같은 일을 반복하는 게 **심심해** 죽겠다.
   ② 야구 경기가 엎치락뒤치락하면서 점점 **흥미진진해지고** 있다.
   ③ 타국에서 아픈데, 병원에도 못 가고 혼자 누워 있으니 너무 **서글프다**.
   ④ 식당에서 아이한테 엄마가 만든 음식이 더 맛있다는 말을 듣고 **뿌듯했다**.

2. ① 나 때문에 일을 망칠까 봐 하나하나 **신중하게** 행동했다.
   ② 집안 사정이 어려운데도 내 친구는 항상 밝고 **씩씩하다**.
   ③ 그는 말이 없어서 성격이 **유치하다고** 오해를 받기도 한다.
   ④ 이 건물은 디자인이 **특이해서** 지나가는 사람들이 사진을 찍곤 한다.

3. ① 아버지는 여기저기 마당에 흩어진 낙엽을 한곳에 **모았다**.
   ② 이곳은 겨울에 철새들이 **머물렀다가** 가는 곳으로 유명하다.
   ③ 주말에 여러 집을 **두리번거리고** 이사할 집을 결정하려고 한다.
   ④ 너무 바빠서 아이와 얼굴을 **마주보고** 이야기한 것이 언제인지 모를 정도다.

4. ① 전쟁으로 인해 세계 정세가 급속도로 **변화하고** 있다.

② 꼼꼼한 양치질은 충치를 **예방하는** 데에 가장 효과적인 방법이다.

③ 갈등을 해결하기 위해서는 의견이 다르더라도 **존중할** 필요가 있다.

④ 이것저것 참견하는 것을 좋아하는 친구에게 그러지 말라고 **몰두했다**.

5. ① 시험이 끝났으니까 오늘은 **마음껏** 자고 싶다.

② 나는 채소는 다 좋아하는데 **충분히** 당근을 좋아한다.

③ 나이가 어리다고 해도 **함부로** 말하거나 대해서는 안 된다.

④ 남의 집 앞에 쓰레기를 버리는 사람을 **도저히** 이해할 수 없다.

6. ① 그는 어려운 상황 속에서도 긍정적인 **생활**을 살기 위해 노력한다.

② 학교 앞에서 일어난 접촉 **사고**로 길이 막혀 차들이 꼼짝도 못 했다.

③ 여러 사람 앞에서 발표할 때는 무엇보다 **자신감** 있는 태도가 중요하다.

④ 요즘 대부분의 사람들은 이런저런 **핑계**를 대면서 힘든 일은 피하려고 한다.

V. 다음 (   )에 공통적으로 들어갈 단어를 고르십시오.

1.

- SNS는 소통을 넘어 세계의 문화가 (   ) 교류의 장이 되었다.
- 초록빛 숲과 푸른빛 바다가 (   ) 풍경에 저절로 감탄이 나왔다.
- 튀르키예는 유럽과 아시아의 문화가 (   ) 독특한 문화 양식이 발달했다.

① 변화하다 ② 펼쳐지다 ③ 존경하다 ④ 어우러지다

2.

- 역사적인 (   )을/를 기념하기 위한 행사에 사람들이 몰렸다.
- 지하철역에서 일어난 살인 (   )은/는 사람들에게 충격을 주었다.
- 한국 작가가 노벨문학상을 받은 것은 놀랄 만한 (   )이다.

① 목적 ② 사건 ③ 목표 ④ 사고

3.

- 내 친구는 항상 나에게 중요한 결정을 내릴 때 신중하게 생각하라고 (   ).
- 전문가들은 부모들에게 자녀와 대화할 시간을 많이 가지라고 (   ).
- 진심으로 (   ) 주는 친구가 있다면 잘못된 선택을 피할 수 있다.

① 방지하다 ② 결심하다 ③ 조언하다 ④ 참견하다

4.

- 그는 할아버지의 오래된 시계를 (　　　) 있다가 아이에게 물려주려고 한다.
- 어릴 때 친구에게 받은 편지를 오랫동안 (　　　) 있다.
- 힘들 때 선생님이 해 주신 조언을 평생 잊지 않고 (　　　) 것이다.

① 간직하다　② 몰입하다　③ 전달하다　④ 희망하다

5.

- 눈이 꽁꽁 얼어붙어서 (　　　) 수 있으니 조심해야 한다.
- 아기는 걷기 위해 수백 번 (　　　)다가 일어나기를 반복한다.
- 성공한 사업가들의 공통점은 수없이 (　　　) 다시 도전했다는 것이다.

① 무너지다　② 쓰러지다　③ 넘어지다　④ 부러지다

6.

- 그녀의 패션 스타일은 아주 (　　　) 언제나 사람들의 관심을 받는다.
- 그 가게는 (　　　) 디자인의 가구들로 가득 차 있어 눈길을 끈다.
- 그 사람은 말투나 행동이 다른 사람들과는 조금 다르고 (　　　).

① 예민하다　② 독특하다　③ 곤란하다　④ 다양하다

VI. 밑줄 친 부분에 나타난 나의 기분으로 알맞은 것을 고르십시오.

1.

> 회의 중 내 차례가 되어 발표를 시작했을 때 중요한 자료를 깜빡하고 준비하지 않았다는 사실을 깨달았다. 머릿속이 새하얘져서 말을 이어갈 수 없었다. 모두가 나만 쳐다보고 있었고, **그 자리에서 빠져나가고 싶어서 쥐구멍이라도 찾고 싶었다**.

① 서글프다　② 창피하다　③ 섭섭하다　④ 뿌듯하다

2.

> 직장을 옮기는 것은 **조심스레 다가가야 할 문제라서 하루아침에 결정을 내릴 수 있는 문제가 아니었다**. 내 생각뿐만 아니라 여러 가지 가능성을 충분히 고려해야 했다. 그래서 결정을 내리기 전에 다시 한번 생각을 정리하고, 여러 사람의 의견을 듣는 것이 중요하다고 생각했다. 급하게 결정을 내렸다가 후회할지도 모른다는 생각이 들었기 때문이다.

① 부끄럽다　② 서먹하다　③ 신중하다　④ 흥미롭다

3.

회의는 끝날 줄을 몰랐다. 발표자들은 같은 내용만 반복하고, 참여자들의 집중력은 점점 흐트러졌다. **노트북 시계를 자꾸 바라보았지만, 시간이 흘러가는 속도는 더욱 느리게만 느껴졌다**. 하품이 났지만 예의가 없어 보일까 봐 꾹 참았다.

① 민망하다 ② 답답하다 ③ 지루하다 ④ 난처하다

4.

이번 프로젝트는 예상보다 훨씬 더 복잡했다. 처음에는 쉽게 끝낼 수 있을 것 같았는데 생각하지 못한 문제가 계속 생겨서 해결하느라 시간이 꽤 걸렸다. 프로젝트 기간 내내 정신없이 지냈기 때문에 마음의 여유를 찾는 것도 어려웠다. **하지만 기한 안에 끝냈고 나의 노력이 헛되지 않은 것 같아서 보람을 느꼈다**.

① 서운하다 ② 적절하다 ③ 넉넉하다 ④ 뿌듯하다

어휘 문제 정답

I		II		III		IV		V		VI	
1	①	1	④	1	①	1	①	1	④	1	②
2	②	2	②	2	④	2	③	2	②	2	③
3	③	3	①	3	③	3	③	3	③	3	③
4	④	4	③	4	②	4	④	4	①	4	④
5	③	5	③			5	②	5	③		
6	①	6	②			6	①	6	②		
7	②	7	④								
8	②	8	④								
9	①	9	②								
10	④	10	①								

부록

Index

ㄱ	
가득	full, filled
가렵다	itchy
가입하다	join
각오하다	prepare, be determined
간섭하다	interfere
간지럽다	ticklish
간직하다	keep, cherish
갑갑하다	stuffy, suffocating
갚다	repay, pay back
건너편	opposite side, across
게다가	moreover, furthermore
결국	eventually, in the end
결심하다	decide, make up one's mind
결정하다	decide, make a decision
결제하다	pay, make a payment
계산하다	calculate, count
곤란하다	difficult, troublesome
곧	soon, right away
공부하다	study
관람하다	watch, view (usually used for performances or exhibitions)
구경하다	look around, watch (for enjoyment or sightseeing)
구매하다	purchase, buy
구입하다	purchase, buy
구체적이다	specific, concrete
권하다	recommend, suggest
귀찮다	annoying, bothersome
금방	soon, right away, just a moment
기르다	raise, grow, breed
기억하다	remember
깨지다	break, be broken
꼭	definitely, surely

ㄴ	
난감하다	difficult, troublesome, embarrassing, perplexing
난처하다	awkward, embarrassed
낭비하다	waste, squander
넉넉하다	ample, sufficient, plenty
넘어지다	fall, trip

ㄷ	
다양하다	diverse, various
다투다	argue, quarrel
답답하다	frustrated, stuffy (emotionally or physically)
대여	rental, lending
대출	loan, borrowing
대표적이다	representative, typical
더럽다	dirty, filthy
도대체	on earth, what on earth (used for emphasis or frustration)
도저히	absolutely (used with a negative verb to emphasize impossibility)

독특하다	unique, distinctive
돌려주다	return, give back
두렵다	afraid, fearful
두리번거리다	look around (nervously or aimlessly), glance around
둘러보다	look around, browse
드디어	finally, at last
등록하다	register, enroll
따뜻하다	warm, cozy
때리다	hit, strike

ㅁ	
마구	recklessly, wildly
마련하다	prepare, arrange
마음껏	as much as one likes, to one's heart's content
마음에 들다	like, be to one's liking
마주보다	face, look at directly
마침내	finally, at last
많다	many, a lot
맑다	clear, clean (usually used for weather or water)
맞은편	opposite side
머무르다	stay, remain
명확하다	clear, precise
모으다	collect, gather
목적	purpose, goal
목표	target, objective
몰두하다	be absorbed, be engrossed
몰래	secretly, quietly
몰입하다	immerse, be absorbed in
무너지다	collapse, fall apart
무섭다	scary, frightening
묵다	stay (at a place), lodge
미끄러지다	slip, slide
민감하다	sensitive, delicate
민망하다	embarrassed, awkward

ㅂ	
바라다	hope, wish
바라보다	look at, gaze at
반드시	definitely, certainly
반짝거리다	sparkle, glitter
발달하다	develop, progress
발전하다	develop, advance
밝다	bright, cheerful
방금	just now, a moment ago
방지하다	prevent
배우다	learn
버릇	habit
번거롭다	complicated, troublesome
변명	excuse
변하다	change
변화하다	transform, change
보관하다	store, keep
보내다	spend time
보람을 느끼다	feel rewarded, feel fulfillment

복잡하다	complicated, complex
부끄럽다	shy, embarrassed
부러지다	break, snap
부서지다	break, shatter
분명하다	clear, obvious
붐비다	be crowded, be packed
빠르다	fast, quick
뿌듯하다	feel proud, feel satisfied

ㅅ	
사건	incident, event
사고	accident
사치하다	be luxurious, indulge in luxury
사태	situation, state
살다	live
살짝	slightly, gently
삶	life
상징적이다	symbolic
새	new
새로	newly, anew
새로운	new
생활	life, lifestyle
서글프다	sad, sorrowful
서먹하다	awkward, uncomfortable
서서히	gradually, slowly
서운하다	feel disappointed, feel regretful
섭섭하다	feel sad, feel regretful
세심하다	careful, meticulous
소중하다	precious, valuable
속이 터지다	feel frustrated, feel like bursting
솔직하다	honest, frank
수집하다	collect, gather
슬쩍	secretly, gently, slightly
슬프다	sad
습관	habit
시리다	achy, painfully cold
신선하다	fresh
신중하다	careful, cautious
심심하다	bored
심지어	even, to make matters worse
싱그럽다	fresh, refreshing (when nature or the air is fresh)
싱싱하다	fresh, lively (when food is fresh or lively)
싸우다	fight, argue
쑥스럽다	shy, embarrassed
쓰다	write
쓰러지다	collapse, fall down
쓸쓸하다	lonely, desolate
씩씩하다	energetic, brave

ㅇ	
아끼다	save, cherish
아마	probably, perhaps
아쉽다	feel something is missing, regretful

아직도	still, even now
어리다	young, childlike
어색하다	awkward, uncomfortable
어우러지다	blend, harmonize, be well-mixed
어울리다	suit, match, get along (with)
여러	several, various, many
여전히	still, as always
열리다	be held, take place
예민하다	sensitive, sharp
예방하다	prevent
오히려	rather, instead
외롭다	lonely
외우다	memorize
용감하다	brave, courageous
원하다	want, desire
유치하다	childish
은근슬쩍	stealthily, sneakily
이따가	later
이르다	early
이제	now
인생	life, one's life
있다가	stay for a while

ㅈ	
자꾸	repeatedly, again and again, over and over
자부심	pride, self-respect
자세하다	detailed, thorough
자신감	confidence, self-confidence
자존감	self-esteem, self-worth
자존심	pride, ego
자주	often, frequently, regularly
잔뜩	a lot, full of, loaded with
적다	write down, take notes, jot down
적당하다	appropriate, suitable, proper
적절하다	appropriate, suitable, proper
전달하다	convey, deliver, hand over
전하다	convey, deliver, hand over
젊다	young
점잖다	gentle, well-mannered, dignified
정직하다	honest, truthful
조언하다	advise
조화롭다	harmonious, in harmony, well-balanced
존경하다	respect, admire, look up to
존중하다	respect, value, honor
좋아하다	like
준비하다	prepare, get ready, set up
지겹다	tired of, sick of
지금	now
지내다	spend time, live
지루하다	boring, tedious
지불하다	pay
지저분하다	messy, dirty, untidy

ㅊ	
차갑다	cold, chilly, cool
차다	cold, chilly, cool
차라리	rather
차츰	gradually, little by little, step by step
참가하다	participate, take part in
참견하다	interfere, meddle
참석하다	attend, be present at
참여하다	be involved in, engage in
창피하다	embarrassed
철없다	immature
첫 번째	first
첫째	first, firstborn
쳐다보다	look at
추천하다	recommend
충고하다	advise, give advice
충분하다	enough, adequate
충분히	enough, sufficiently, fully
치다	hit, strike

ㅋ	
키우다	raise, grow, develop

ㅌ	
탐닉하다	indulge in, be addicted to, obsess over
특별히	especially, specifically
특이하다	strange, odd, weird
특히	especially, particularly

ㅍ	
펼쳐지다	unfold, spread out
포근하다	warm, cozy, soft
핑계	excuse

ㅎ	
함부로	carelessly, rudely, without permission
혹시	by any chance, happen to
혼잡하다	crowded, congested, chaotic
화려하다	fancy, glamorous, spectacular
화창하다	sunny, pleasant
환하다	bright, well-lit, beaming
활동적이다	active, energetic
활발하다	lively, outgoing, cheerful
흥미롭다	interesting, fascinating, intriguing
흥미진진하다	exciting, gripping, intriguing
희망하다	hope, desire, aspire